JN068792

私たちの「終（つい）の住処（すみか）」

理想の介護施設は、どう生まれたか

HIROYUKI AMINAKA
網中裕之

一番館から三番館まで揃った、ぐるーぷ藤の各完成図
（上）一番館
（中）二番館AB棟
（下）三番館

ぐるーぷ藤の歩み
〜湧き水がいつしか大河へ〜

「ぐるーぷ藤の理念」
歳をとっても病気になっても
障がいがあっても
いつまでも自分らしく暮らせる街を創りたい

1992年3月　任意団体「ワーカーズ・コレクティブ藤」として発足

1999年9月　法人格取得「特定非営利活動法人ワーカーズ・コレクティブ藤」となる

2000年4月　介護保険事業所として居宅介護支援事業、訪問介護事業を開始

2001年11月　10周年記念事業として「ボランティアすみれ」発足

2003年2月　介護保険通所介護事業所として「デイハウス藤の花」開所

2005年4月　「NPO法人ぐるーぷ藤」と改組

2006年7月　介護保険予防通所介護事業所として「デイハウス菜の花」開所

2007年10月　ぐるーぷ藤一番館・藤が岡」開所

飛鳥号

2014年10月　地域ささえあいセンター「ヨロシク♪まるだい」開所

2016年9月　生活支援事業「こども♬まるだい」開所

2016年11月　「ぐるーぷ藤二番館・アクア棟」に通所介護「アクアデイ菜の花」開所

クイーンメリー号

2017年5月　サービス付き高齢者向け住宅「ぐるーぷ藤二番館・柄沢」開所

2021年8月　二番館隣接地に三番館の建設が決定

2023年秋　ぐるーぷ藤三番館「奏」 開所予定

クイーンエリザベス号

「ぐるーぷ藤」の想いと変遷がよくわかる1枚の絵（11頁参照）

私たちの「終の住処」

理想の介護施設は、どう生まれたか

目次

第3章

三番館への夢と介護の未来

序章

クイーンエリザベス号をめざして

神奈川県藤沢市藤が岡。ＪＲ藤沢駅から歩いて十分ほどの場所に建つ「ぐるーぷ藤一番館」。全国でも珍しい複合型福祉マンションだ。四階建ての建物で、一階には看護小規模多機能型居宅介護「しがらきの湯」が置かれている。同じ一階部分には幼稚園とレストランも作られている。二階には精神障がい者が暮らすグループホームがあり、同じ階には看護師の常駐スペースも設置されている。三階と四階が高齢者住宅となっている。

地域社会に溶け込んだこれほどの規模の福祉マンションは全国でも類を見ない。全国各地から介護事業者や役所の関係者が見学に訪れている。そして何より驚かせるのは、この福祉マンションを建設したのは行政でも企業でもなく、ごく普通の主婦たちだということだ。

この「ぐるーぷ藤一番館」が完成したのは二〇〇七年十月。その翌々年に完成までの道のりを『私たち、主婦だけで、理想の「終の住処」をつくりました！』（ＰＨＰ研究所）という本にまとめた。そして、二〇二一年の冬。およそ十二年ぶりに一番館を訪ねた。

出迎えてくれたのは鷲尾公子さん。まさにこの施設を建設するために奔走した中心人物である。一九九二年に「ワーカーズ・コレクティブ藤」を設立し、一九九九年にＮＰＯ法人格を取得。同じ思いを持つ主婦たちを集め、考えられないような大きな夢を実現させてきた。

十二年ぶりに会う鷲尾さん。古希を超えた今も、とても若々しい姿で出迎えてくれた。二百人にも及ぶスタッフを集めたと聞くと、さも「やり手」の印象を抱くだろうが、実際の鷲尾さんはとても物腰が柔らかく、会う人を包み込むような優しさを持つ人だ。と同時に、その口からは非常に明晰な言葉が出てくる。しかも、その明晰な言葉はけっしてクールなものではなく、そこにはあくまでも熱い心が籠っている。

「ぐるーぷ藤」は何のために存在しているのか。自分たちがこの地域社会のためにやるべきことは何なのか。自分たちが常に心の中に持つべきものは何なのか。そして、「ぐるーぷ藤」はどこに向かおうとしているのか。鷲尾さんの言葉の一つひとつには、常にそれらを問いかける思いが込められている。その鷲尾さんの思いに惹きつけられるように、たくさんのスタッフが仲間になっていく。

そこに強い思いがあれば、その思いを言葉にして伝えることのできる人間がいれば、社会的立場など関係はない。たとえごく普通の主婦だとしても、日本中から注目されるような活動をすることはできる。大切なのは表面的な技術論ではなく、心の中から湧き出てくる情熱と、それを支える理念であることを前回の取材では思い知らされた。

＊

きっかけは鷲尾さん自身の経験だった。五人きょうだいの末っ子として何不自由なく育ってきた鷲尾さんだが、まもなく四十歳を迎えようとしていたとき、母親のちょっとした異変に気がついた。最初はほんの少しの物忘れから始まった。年をとったのだから当たり前だと考えていたけれど、それは単なる物忘れなどではなかった。

母親の認知症が進んでいたのである。今でこそ認知症は広く世の中に知られ、医学的な研究も進んできたが、当時はまだわからないことが多かった。医学的に診た脳の病であることが十分に理解されていなかったのである。認知症の症状は物忘れだけではない。時に急に怒りの感情を露（あらわ）にしたり、まるで子どもに戻ったかのような振る舞いをしたりする。そんな姿を世間の人たちに見せたくはない。認知症は恥ずかしい病のように扱われていたのである。

日々壊れていく母親の姿。病院に入院したころには、自分一人で薬を飲むことさえできなくなっていた。あれほど凜（りん）としていた母親の姿はもうそこにはなかった。「介護」というものが生活の中に深く入り込んできたのである。

母親の介護を経験したことで、彼女の心にはさまざまな思いが生まれていた。介護というのは、こちらがどう介護したいかではない。する側よりも、される側の気持ちをいかに考えるか。母はいったい何を望んでいるのだろう。どうすれば母は喜んでくれるのだろうか。相手の心に思いを寄せることこそが介護の本質であることを、母の介護を通して心の中に刻んでいった。

そうして母親を看取ったあと、鷲尾さんはある思いに包まれていた。

「これから高齢化社会はますます進むだろう。それに伴い認知症の患者もどんどん増えていく。まして自分たち団塊の世代が高齢者になったときには、とても介護が間に合わない。かと言って、子どもたちの世代に介護を背負わせたくはない。自分たちの終の住処は、自分たちでつくらなければならない」

この思いこそが「ぐるーぷ藤一番館」へとつながっていったのである。

「母が私を介護の世界へ導いてくれた」

それは鷲尾さんの言葉であったが、この言葉に共感した主婦たちが鷲尾さんの周りに集まってきた。しかも、単に人数が増えたということではなく、一人ひとりの思いが集まり、やがて大きな力となって結集していくことになるのだ。

＊

一九九二年、鷲尾さんを中心にして立ち上げた「ワーカーズ・コレクティブ藤」。当時は措置の福祉の時代。つまり、親の介護が必要になって市に申請しても、サービスの可否の判断の決定権は行政にあり、十分なホームヘルプサービスを受けられず、家族が仕事を辞めざるを得なくなる状況にあった。

そこで、サービスを提供する会員を〝藤会員〟、サービスを利用する会員を〝さわ会員〟として、住民同士の助け合いで、高齢者の支援や子育て支援などを開始した。それまでシャドウワークとされて女性が担っていた介護を、社会化するための市民事業として、最低賃金にもこだわった。

その助け合い運動がどんどん幅を広げ、気がつけば鷲尾さんたちの活動は今年で三十年を迎えることになったのである。

設立二十五周年を迎えたとき、鷲尾さんは次のような一文を広報誌「花どけい」八三号に寄せている。

「二十五年前、五人の呼びかけではじまった手漕ぎボートを、雨の日も晴れの日も手を休めることなく漕ぎ続けました。大きな波が来たときにはスクラムを組み、台風に出遭ったときは肩を寄せ合い船を守り、台風が去った後は皆で傷ついた船体を修理し、穏やかに晴れ渡った日は空を見上げて夢を語り、波を乗り越えるごとに乗組員を増やしその絆を太くしていきました。

現在は百四十名の乗組員と四百三十名の乗客、『ヨロシク♪まるだい』『レストランオハナ』の二千名を超えるお客様も乗せ、多少の波風にはびくともしない航海ができる客船になろうとしています。

私たちを信頼し応援し育ててくださった利用者、さまざまな情報を交換し合い、声援を送ってくださった地域の方々、そして忘れてならないのは、荒波に漕ぎ出した私たちをハラハラしながらも絶えず見守り続けてくださったご家族の皆様、そして関係者の方々に感謝いたします。初心を忘れず、安心して住み続けることができる街づくりをめざし活動していきます」

この鷲尾さんの文章をスタッフが一枚の絵にした（口絵参照）。一九九二年に五人で漕ぎ出したボート。二〇〇七年に「ぐるーぷ藤一番館」を開設したときには、小さな手漕ぎボートが飛鳥号のようになっていた。二〇一七年には「ぐるーぷ藤二番館・柄沢（からさわ）」を開設。船はクイーンメリー号になった。そして、三番目の施設の計画も順調に進んでいる。

「私たちはクイーンエリザベス号をめざしているんです」

クイーンエリザベス号とは、言うまでもなく世界一の豪華客船である。その豪華客船のように、たくさんの人たちを船に乗せ、ともに幸せへの航海に出たいと願っている。

船にはもちろん、ともに働く大切なスタッフとその家族も乗っている。施設で暮らす高齢者や、デイサービスに通う人たちも乗っている。そればかりでなく、「レストランオハナ」にランチを食べに来る人たち、「こども♬まるだい」に夕食を食べに来る子どもたち。地域に暮らす多くの人たちも乗船してくる。その船の目的は介護だけではない。地域社会に幸福を運ぶことこそが、ぐるーぷ藤の夢でもあるのだ。

『私たち、主婦だけで、理想の「終の住処」をつくりました！』の出版から十二年。その間に「ぐるーぷ藤」はどのような道のりを歩んでいたのだろうか。本書は「一番館」開所から今日までの「ぐるーぷ藤」の物語である。

第1章

一番館の十二年

終の住処

安心して最期の時を迎えることができる「終の住処」。ぐるーぷ藤がめざしたのはそんな施設であり、そしてそれは「一番館」として形にすることができた。四階建ての建物の三階と四階には二十一室の高齢者住宅がある。単身者がほとんどだが、夫婦二人で入居することも可能だ。

毎日三度の食事が用意され、医療の依存度が高くなれば、一階にある「しがらきの湯」を利用することができる。日々の介護はもちろんのこと、看護師が常駐しているという安心感もある。身体に異変が起きたときも、地域の病院と連携を取り、すばやい処置を施すことができる。本人ばかりでなく、家族にとっても安心できる場所だ。

生前からこの施設のことを知り、最期はここで過ごしたいと願う人も多くいる。ある人は、癌が見つかり余命を宣告されてから一番館にやってきた。それは文字通り「終の住処」であった。そして四カ月を一番館で過ごし、安らかに旅立っていった。

「病が進んでから入居してくる高齢者に対して、いったい私たちは何ができるのだろうか。そのことをいつも考えています」

理事長を務めている佐藤律子さん（執筆時）は言う。どうすれば幸せな最期を迎えることができるのだろうか。幸せな最期などほんとうにあるのだろうか。佐藤さんは自問自答を繰り返してきたが、その答えはまだ見つかっていない。

「たとえば毎日顔を洗うときに使うタオル。清潔であればそれでいいということではありません。花が好きな人ならば、綺麗な花をあしらってあるタオルを用意する。その人が好きな色のタオルをいつも用意しておく。そんなささやかなことが、きっと気持ちを穏やかにしてくれるのではないでしょうか」

表面的な介護だけでなく、人の心にいかに寄り添えるか。その原点を見失ってはいけないと佐藤さんは思っている。

入居してから、たった四日で旅立った人もいたという。病は進行しており、もう手の施しようがない。いつ何があってもおかしくないと医師から告げられていたその人は、それでも最期を一番館で過ごしたいとやってきた。

家族は毎日看病に通ってきた。その人を独りきりにすることはなかった。そうして四日目に、その人は家族の皆に見送られながら天国に旅立っていったという。敬虔なクリスチャンだったその人のために、部屋の中は讃美歌で包まれていた。

「何もできないことは十分にわかっています。もう介護どころの状態ではない。それでも私たちは、精一杯その人に寄り添うことだけを考えていました。その人に寄り添うとともに、ご家族の心にも寄り添うことができれば、そこに幸せな最期というものがあるのだと信じています」

これがぐるーぷ藤がつくった「終の住処」なのである。

うれしい誤算

鷲尾さんたちの思いは広まり、ここ一番館の入居希望者は後を絶たない。部屋が空けばすぐに次の人が入居する。これまで十二年間で、高齢者住宅に空きが出たことは一度もない。今も順番待ちの状態が続いている。

そもそも、一番館建設時の中長期の計画においては、一番館開設の五年後に二番館、その五年後に三番館を建設するという資金計画であった。のちに詳述するが、二番館の土地が決ま

一番館の外観

り、設計図もほぼ完成し、まさに建設に取り掛かろうというときに東日本大震災に襲われた。理想とした海沿いの土地を断念し、土地探しから振り出しに戻ったことで、二番館は予定より五年遅れた開設になった。

このことから、一番館を運営していくうえで経営上の問題が生じたが、これは想定内ともいえるものだった。

一番館に入居する際には、一時金を入れてもらうことになっている。その金額は八百万円からだ。この一時金さえ入れておけば、毎日三度の食事と看護などの費用すべてにおいて、一カ月に二十万円ほどで亡くなるまで住むことができる。これは平均的な年金額に数万円足すだけで支払うことが可能な金額だ。

この八百万円の償却期間は七年と想定していた。つまり入居して一年で亡くなれば、償却にかからなかった六年分の一時金は戻ってくる。八百万円とはけっして少しの金額ではないが、あと数年という年月を考えれば、葬儀代くらいは十分に戻ってくるというわけだ。

たとえば八十歳のときに入居してきたとしたら、七年経てば平均寿命を迎えることになる。おそらくは七年も暮らすことなく亡くなることを想定していた。その上で一時金と月額利用料を算定したのである。ところがこの想定が、うれしい誤算ともいえるものだった。

「とにかく、みなさん長生きなんです」

佐藤さんはにっこりと笑いながら言った。

「もちろん長生きしてくださることは、介護者としては何よりの喜びでもあります。しかし、その一方で、運営を考えればそれは大変なことでした」

現在も一番館には百歳を超える高齢者が暮らしている。百歳を超えることは、もはや珍しいことでも何でもない。平均寿命は年々上がっている。要するに、七年で償却するという計画自体が成立しなくなっているのである。そのことに気づいたときにはすでに遅かった。急に一時金や月額使用料を上げることなどできない。一番館は経営的に危機を迎えていたのである。

「それはもう、完全に私たち運営側の責任です。一生懸命介護に従事してくれるスタッフには何の責任もありません。経営が厳しいからという理由で、スタッフの給料を減額することだけはしたくなかった。とにかく頭を悩ませる日々でした」

鷲尾さんは当時の経営危機を振り返る。

窮地を救ってくれたのは一階にある「しがらきの湯」だった。ここは小規模多機能型居宅介護として登録されていたのだが、そこに看護師を常駐させることで看護小規模多機能型居宅介護としての登録が可能になる。介護保険制度がそう変わったのだ。一番館にはすでに看護師が常駐している。すぐさま登録を変更し、そのことにより介護保険収入が増えたのである。それは一番館にとっては僥倖（ぎょうこう）だった。

さらには、最初の計画より五年遅れて、サービス付き高齢者向け住宅（サ高住）として「ぐるーぷ藤二番館・柄沢」が完成したことで、さらに経営は安定することになった。

いわゆる国の介護保険事業が始まったのは二〇〇〇年からだ。当時はまだ手探りだった厚生労働省も、介護事業を進めていく上で多くの制度改革を施してきた。言い換えれば、介護という事業で採算がとれるようになったのである。

近年では新聞広告やテレビ広告などで、高齢者介護住宅の宣伝をよく目にするようになった。美しく立派なマンション。広い庭で楽しそうに談笑している高齢者の姿がある。しかし、現在の介護保険は、はたしていつまで続くのだろうか。ここ数年で、団塊の世代と呼ばれる人たちが後期高齢者の仲間入りをする。それは一挙に高齢者人口が増えることを意味している。国の財源にも限界がある。

「だから私は、このような施設は三つまでと昔から決めているのです。たくさん増やせばいいということではありません。自分たちの目の届く範囲だけで十分。いたずらに数を増やすことばかりを考えていると、やがては立ち行かなくなるでしょう」

現在の介護施設ブームに、鷲尾さんは少なからず不安を抱いているのだろう。もうけがなくなれば施設を閉じてしまう。経営が行き詰まったから他社に施設を売り払ってしまう。そんなことが起きてしまえば、放り出された高齢者は行き場を失ってしまうだろう。「幸せな最期」とはまったく反対の現実が襲ってくることになるかもしれない。

同じ船に乗る仲間たち

たった五人で漕ぎ出した小舟が、飛鳥号になりクイーンメリー号へと大きくなっていく。そして今ではこの船に、二百人近いスタッフが乗船している。

もちろんすべてのスタッフが日々仕事をしているわけではない。子育てのために一週間に一日しかシフトに入れないスタッフもいる。それでもスタッフたちは、いつでも復帰できるようにと登録され続けている。親の介護のために、一時期仕事を離れるスタッフもいる。あくまでも優先させるべきは、子育てや両親の介護など家庭のことだ。自分の家庭をしっかりと守ってこその仕事である、ということが、ぐるーぷ藤の考え方だ。

「私たちスタッフが気持ちよく働くことができるのは、やはり、ぐるーぷ藤の設立当初からの変わらぬ理念が、隅々にまでしっかり行き届いているからだと思います」

事務局長を務める酒井清美さんは言う。「ぐるーぷ藤」では、長年にわたって「理事長と語る会」として理念研修が開催されてきた。一年に一度スタッフが集まり、組織の理念を理解し、実践するために、皆で語り合うというものである。

理念、と聞くと、少々難しい印象を受けるが、けっしてそういう堅苦しいものではない。

「親の介護や子どものことは一番にしてください。子どもが風邪をひいたなら、遠慮なく休んでいいのよ。みんなで助け合っていくこと。それこそがぐるーぷ藤の理念なのだから」

鷲尾さんのこの言葉が、スタッフみんなの心に浸透していく。この言葉を聞くだけで、ふっ

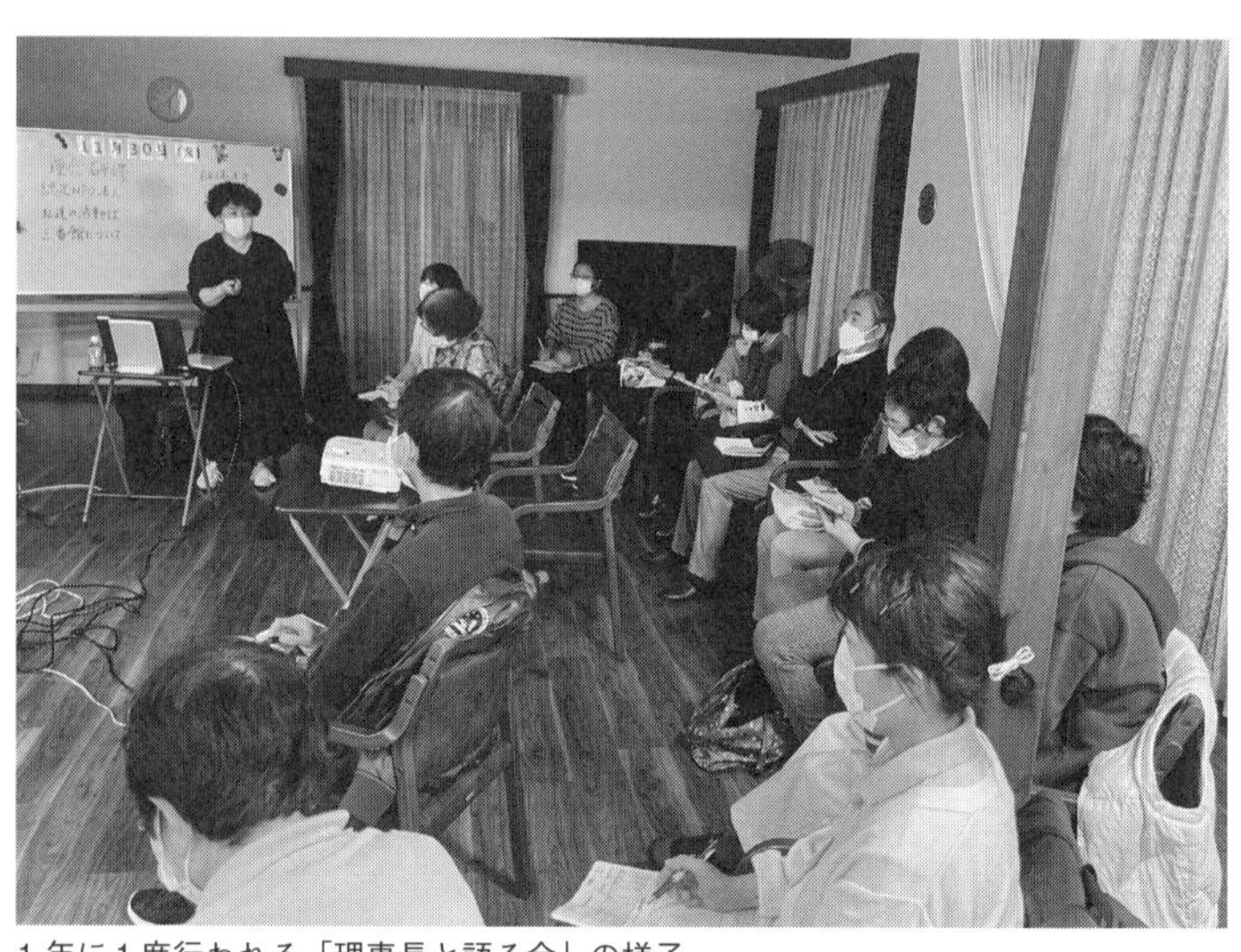
1年に1度行われる「理事長と語る会」の様子

と心が軽くなったりもする。もちろん仕事は大切なことだし、生活を支えるために仕事をしなければならないスタッフもいる。何よりも介護の仕事が大好きだと言うスタッフもいる。アルバイト感覚で気軽に構えるスタッフもいるだろう。それぞれに立場は違うけれど、ここではみんなが助け合う仲間であることを忘れないでほしい。それが鷲尾さんの一番の願いなのだ。

そんな鷲尾さんの願いが通じているからか、とにかく「ぐるーぷ藤」のスタッフは長期間勤める人が多い。十年、十五年選手など珍しくはない。どちらかと言えば、介護業界はスタッフの入れ替わりが激しい世界だ。介護に対する考え方の違いや、運営方針に不満を持てばすぐさま別の職場へと移っていく。人員を確保することに頭を悩ませる施設も多くあるという。

「ぐるーぷ藤」にはそういう心配はいっさいないという。それだけでも感心するが、驚くことに「ぐるーぷ藤」では、これまでにスタッフを募集したことが一度もないというのだ。募集もしないのに、どうしてこれだけのスタッフが集まってくるのか。

「ここのスタッフは、みんな誰かからの紹介なんです。ここで働くスタッフの話を聞き、自分も働いてみたい。ここの仲間に入りたい。そう思って入ってくる人がほとんどです」

佐藤さんはそう教えてくれた。実際に働いている友人から話を聞くので、施設での仕事を具体的に知ることができる。しかも子育て中であっても快く受け入れてくれる。そんな温かな場所があるのなら、ぜひ自分もそこに加わりたい。そう思う人たちが集まって、現在の人数になったのだ。

もちろん、中には入ってすぐに去っていく人もいる。インターネットやホームページが縁で入ったものの、給料に不満を抱いて辞めていく人もいる。助け合うという空気感が合わない人もいるだろう。ただ、こうした理念のもと、同じ方向を向き「まちづくり」に貢献していくことが、ぐるーぷ藤の働き方なのである。みんなが同じ思いを持ってこそ温かな介護ができるのだ。

「ぐるーぷ藤に入るには、権利と義務があります。この二つのことをよく心に刻んでおいてください」

新しく仲間に入りたいとやってきた人たちに、鷲尾さんは必ずこう言っている。

「権利というのは、もちろん働く権利と休みをとる権利です。この他にもたくさんの権利を私たちは保障します。そして義務というのは、仲間を助けるという義務です。あなたが子どものことで急に休みをとってもかまいません。何よりお子さんを優先してあげてください。それと同じように、もしも仲間がお子さんの用事で休んだときには、あなたが代わってあげてください。ここは仲間同士の助け合いで運営している仕事場ですから」

とてもシンプルな言葉だと思う。職場の仲間同士で助け合うことなど、一見すれば当然のようにも思える。しかし実際には、この「助け合い」がなされている職場は少ないのではないか。自分に与えられた仕事だけをこなしていればいい。同僚を助けたところで自分の評価にはつながらない。職場はサークル活動ではないのだから、お互いに助け合う必要などない。そんな考え方が今の社会には蔓延（まんえん）している気がする。そんな社会の中で息苦しさを感じている人たちがたくさんいる。だからこそ、この「助け合いの船」の仲間に入りたいという人が多いのかもしれない。

一人のシングルマザーがいた。幼子を一人で抱えて、その女性は将来への不安と生活の苦しさに包まれていた。「ぐるーぷ藤」は単に高齢者施設を運営するだけではない。その地域に住む人たちにもしっかりと目を向けようとしている。生活の中で困っていることがある人は、いつでも相談に来てほしい。苦しんでいる人は自分だけで苦しみを抱え込まないで、ここに来て話をしてほしい。地域社会に貢献できてこそ活動の意味がある、と鷲尾さんは当初から考えていた。

その女性もそんなぐるーぷ藤を頼ってやってきた。生活のために仕事をしなければならない。そんなことはわかっていても、彼女の心は折れかかっていた。幼子を抱えて雇ってくれる職場などない。まして、新しい職場でやっていく自信もない。精神を病む一歩手前まで追い詰められていた。

「一週間に一日か二日。二時間でもいいからここで仕事をしてみない？　リハビリのつもりでいらっしゃい」

鷲尾さんはそう女性に言った。その温かな誘いを頼りに、その女性はぐるーぷ藤で仕事をするようになった。

「彼女をスタッフに加えるとき、プラスワンと考えて職場に送り出しました。もちろん、現場の責任者にもそう伝えました」

プラスワンという考え方を鷲尾さんは心がけるという。このプラスワンとは、たとえば一つの仕事に三人が必要だとする。そして、すでにその仕事には三人のスタッフが揃っている。そんな仕事場に、プラスワンのスタッフとしてもう一人を加えるということだ。

もしもその女性が急に仕事に行けなくなったとしても、すでに三人のスタッフがいるから困ることはない。急に辞めることになっても仕事に影響は出ない。何らかの心配を抱える新人はプラスワンの要員として考える。そうすることで職場にも影響は出ないし、新人の心の負担も減らすことができるというのだ。もちろん、そのプラスワンの人にも、他のスタッフと同じように時給を支払う。

こんなプラスワンの発想は、けっして営利を目的とする企業ではあり得ないものだ。一般的な企業であればまったく逆の発想をするだろう。もしも三人が必要な仕事があるとしたら、そこから一人を減らして二人にする。そうすることで人件費は一人分浮くことになる。効率化を求める企業では当たり前のことだ。鷲尾さんのこのプラスワンの発想は、やはりＮＰＯ法人ならではのものだろう。企業が経営する介護施設では為し得ないことだ。

「ぐるーぷ藤」が運営を考えていないということではない。経営が立ち行かなくなれば、同じ船に乗ってくれた多くの人たちを見捨てることになる。それだけはけっしてあってはならない。しかし、経営が一番ではない。あくまでも鷲尾さんの心の中にある一番は「お互いに助け合って生きていくこと」なのである。この理念こそが、この船の乗り心地を素晴らしいものにしているのだろう。

ボランティア精神とは

「ぐるーぷ藤」がＮＰＯ法人に登録される以前は、「ワーカーズ・コレクティブ」という組織に属していた。この組織は全国規模のもので、「お互いに助け合う」というボランティア精神を基調にしてつくられたものだった。もちろん、その精神に鷲尾さんも賛同していたのだが、どうしても譲れないことがあった。それは、そこで活動する人に対するギャランティの問題だった。

「ワーカーズ・コレクティブ制度設立の理念には共感しますが、そこで働く女性たちの賃金には疑問を抱いていました。時給が五百円という世界なのです。もちろん、半分はボランティア精神ですが、やはり女性の労働力は安く見られている。家族を養っているわけではないのだから、小遣い程度の金額でいいだろうと」

いくらボランティア精神を持っていたとしても、時給五百円というのはあまりにも働く人を軽んじている。鷲尾さんはワーカーズ・コレクティブ藤を設立する際に、まずは彼女たちのギャランティを重視した。せめて国で決められている最低賃金を支払わなくてはいけない。彼女たちのボランティア精神に甘えていれば、いずれこの活動は行き詰まってしまう。大切な仲間たちを失ってしまうことになる。

「一番館の次に二番館をつくったのも、そして三番館をめざしているのも、入居者のためだけでなく、何とか収益をあげて仲間たちのお給料を増やしたい。それが目標なのです」

「ぐるーぷ藤」で仕事をしている人に最低賃金を保障しているのはそのためでもある。

今も多くのボランティア団体が活動しているが、往々にして組織が大きくなれば、運営側の人件費が嵩むということが起きてくる。また、大きな組織を運営するために、いわゆる事務員が大量に必要になってくる。そうなれば組織を守ることが優先されることになる。現場で仕事をする人よりも、組織を運営している側の人間のほうが給料が高くなったりする。これでは本末転倒である。そんな組織にだけはしたくなかった。何よりも、共に働く人たちのことを大事にしたかった。これが鷲尾さんがつくった「ぐるーぷ藤」という組織なのである。

「ボランティア精神だけでは続かないし、かといって、ビジネスとしてだけで割り切れる世界でもありません。ボランティアの心とビジネスの感覚。そのバランスがとても難しい世界だと思います」

事務局長の酒井さんはそう言う。事務局長としてスタッフを掌握している酒井さんだが、やはり個々人の考え方には差が出てくる。お金などあまり関係ないと言うスタッフもいれば、十円でも高く時給を上げてほしいと言うスタッフもいる。それはどちらが良い悪いということでなく、さまざまな考え方や要望を持ったスタッフが働いているということだ。一人ひとりの要望や希望を叶えるために、酒井さんは日々考え続けている。

酒井さんが「ワーカーズ・コレクティブ藤」に参加し始めたのは二十年も前のことだ。たまたま近所に住む友達から誘われたのがきっかけだった。とくにお金を稼ぎたかったというのではなく、子育ての合間を埋める時間に過ぎなかった。

「どちらかといえばボランティア感覚での参加でした。ボランティア活動をしながら、少しのお小遣いをもらえる。その程度の思いでした。でも、そういう考え方だけではここまで長く続かなかったでしょう」

高齢者の介護をするには、やはり奉仕の精神が求められるだろう。しかし、それだけではなかなか続くものではない。自分がやった働きに対して、正当な評価がなされる。正当な賃金を保障してくれる。それがあればこそ、そこにやりがいが生まれるのだ。

高齢者がまだ少なかった時代。大家族が一緒に暮らしている時代。そんな時代には高齢者のお世話をする人間も周りに大勢いただろう。ほんの少しのボランティアの気持ちを持ち合わせていれば、それだけで社会は回っていけただろう。

しかし、これほどの高齢化が進んだ社会においては、ボランティア精神だけに頼ることは難しい。自らの時間や生活を犠牲にしてまでボランティア活動をする必要もない。とすれば、やはりそこにはしっかりとしたギャランティのシステムが必要になってくる。

「私は初めから最低賃金にこだわり続けてきました。そしてそれは、目標などではなく、そこからがスタートラインだと考えていました。しっかりと収益を出して、それをいかに働く仲間に分配していくか。常にそのことを考えるのが運営する人間の役割だと思っています」

この鷲尾さんの言葉は、ぐるーぷ藤が変わらず抱いている信念でもある。

常勤・非常勤問題

「ぐるーぷ藤」には二百人近いスタッフが登録されている。同じ船に乗った仲間たちだ。同じ思いを持ちながらも、働き方はそれぞれである。

「どんな働き方をしていても、ここで働く人に違いなどありません。毎日働こうが、週に一度働こうが、そこには何の違いもありません」

これがぐるーぷ藤が守り続けている考え方だ。一般的な企業であれば、正社員と非正規社員がいたりする。そこにアルバイトやパート社員も入ってくるだろう。そして、当たり前のように、それぞれの立場によって給料は違ってくる。これを当たり前のことと捉えるのか、それは違うと捉えるのか。考え方はさまざまであろう。

ぐるーぷ藤は同じだと言う。同じ職場で仕事をしている限り、すべての人は平等でなくてはいけない。その考え方があったので、初めのうち、「ぐるーぷ藤」には常勤と非常勤という枠組みは存在していなかった。みんなが横一線に並んで働いている。先頭を走る鷲尾さんの背中をみんなが追いかけている。そんな組織だった。

しかし、一番館の計画を進めていく上では、やはり常勤の人間は必要になってくる。さまざまなところと交渉しなければならないし、責任の所在もはっきりさせておかなければならない。運営側としては、常勤の職員を何とかして増やせないかと思案する。

「ところが、常勤になってくれる人がなかなか出てこなかったんです。常勤でも非常勤でも待遇やお給料はまったく同じに設定していましたから、同じならばわざわざ常勤にならなくても、非常勤で十分。そう考える人がほとんどだったのです」

もちろん、非常勤であっても、仕事に対しては真剣に向き合ってくれる。それでも、いざ常勤になってほしい、と頼まれれば、どうしても二の足を踏んでしまうだろう。そこには非常勤にはない責任や、運営業務という仕事も課されてくるからだ。同じ給料ならば、ほんの少し気楽な非常勤のほうがいいと考えるのも理解できる。

そこで、鷲尾さんは新たな制度設計に挑んだ。それは給料とボーナスに差をつけるというものであった。常勤と非常勤に差をつけるのはもちろんのこと、常勤同士、非常勤同士の間にも差をつけることを考えた。それはけっして大きな差ではないけれど、やはり自分の仕事を高く評価されたいという欲求は誰の心にもあるものだ。少しでも自分の評価が高くなれば、それは大きな喜びにつながる。また、その評価が仕事への熱意を高めてくれる。

ＮＰＯ法人の中で評価をつける。そんな事例はあまり聞いたことがない。まして介護の世界で評価をつけるのは至難の業である。普通の企業であれば、顧客からの評価がそのまま数字に表れ、それが評価基準となるものだ。簡単に言えば、お客様の満足度を高めた社員が評価される。ところが、介護の世界というのは、人間の好き嫌いが大きく反映される。

たとえば、テキパキと仕事をこなす人がいたとする。利用者によっては、そのテキパキとした仕事ぶりが心地よく感じる人もいるだろう。しかしその一方で、テキパキとした仕事ぶりを「冷淡だ」と感じてしまう利用者もいる。利用者と介護者の相性みたいなものもそこには存在する。はたしてそのような仕事を適正に評価することなどできるのだろうか。ぐるーぷ藤は、評価システム検討委員会を設け、六年間かけて一つの評価システムを構築した。

「他人を評価するなんて、これまでやったことはありません。評価などとは無縁の世界でやってきたのですから、まったくの手探りでした。どうすればより適正な評価基準をつくることができるのか。そこで考え出したのが、まずは自己評価をするということだったのです」

自分で自分のことを評価する。あくまでも客観的に自身を見つめ、成長した部分やまだ足りない部分に目を向けていく。「利用者のＡさんは褒めてくれるのに、Ｂさんは不満を抱いている。同じことをしているのに、どうして評価が違うのだろうか」。たとえばそのことについて自分自身で考える。二人の評価が違っているのは、きっと何か自分に原因があるはずだ。単に好き嫌いで済ませてはいけない。このような考え方をすることで自分自身を成長させていくのだ。

この評価システムを「ＤＢＵ（DIALOGUE FOR BRUSH-UP）」と名づけた。訳せば「自分磨きの対話シート」ということになる。まずは、全員が自らの仕事を振り返って、それぞれの業務内容に点数をつけてみる。自分を高く評価するということでなく、個々人の課題を見つけていくことに目的がある。

その評価シートを担当の主任がまとめて、主任としての客観的な評価を書きくわえていく。もちろん、主任も同じように自らの評価シートを管理者に提出する。ここで重要なことは、管理者や主任に対しても、働いている人たちが評価をするということだ。

今でこそ企業でも、部長が部下から評価を受けるのが当たり前の時代だが、当時はまだ上の人間が下から評価されることなど考えられなかった。そういう意味で、「ＤＢＵ」は、現在企業で行われている評価システムの最先端だったと言えるだろう。

この評価システムは、全国のＮＰＯに注目された。同じようなシステムを導入したいと考える団体からは「詳細を教えてほしい」という依頼が後を絶たない。なかには「書物として出版してほしい」という要望もある。しかし、鷲尾さんは答える。「これは門外不出です」と。「私たちがつくったこの評価システムが一〇〇パーセントだとは思っていません。同じものがどこでも通用するわけではないでしょう。私は、あくまでもここ『ぐるーぷ藤』で通用するもの、ここの仲間たちだからこそできあがった評価システムだ、と思うのです」

人が人を評価する。それだけでも難しいことだ。しかもそこに感情というものが色濃く入ってくる。理性よりも感情が噴出してくる介護の世界に、はたして透明性のある評価システムを構築することができるのだろうか。おそらく鷲尾さんは今も、そのことを考え続けているに違いない。

ＮＰＯは「やさしいおせっかいおばさんのかたまり」

常々高齢者の孤立をなくしたいと思っていた鷲尾さんは、地域包括ケアという声が広まると同時に、地域の中で、より細かな活動をしている市内のＮＰＯ団体や社会福祉協議会に声かけし、「ふじさわ福祉ＮＰＯ法人連絡会」を立ち上げた。

そこで地域の課題を共有し、いかにそのニーズに対応し、地域に貢献すべきか話し合うなかで、「フードバンクふじさわ」の立ち上げに至った。目的は市内在住の生活困窮者とひきこもりの方への寄り添い活動。この活動はすぐ市民の賛同を得、行政や市内の企業も協力し、毎月六カ所でパントリーを開き、食料を手渡ししている。

そんななか、二十年間のひきこもりから一念発起し、ボランティアとして参加していたAさんという男性がいた。

ボランティアの働き方を見守っていたNPOの仲間が、障がい者手帳の取得に動き、社会福祉協議会や民生委員の協力を得て、無事年金を受け取ることができた。

また、そのまじめなボランティアぶりを見ていた鷲尾さんは、Aさんが働く意欲を持っていることを確認し、ぐるーぷ藤に誘った。今では三ヵ月の試用期間を経て、正式に藤の会員として働いている。その間、メンバーの手取り足取りの支援があったことは言うまでもない。また、コロナ禍で職を失った女性も、藤で働き出している。

このように、フードバンク活動で見えてきた新たな地域社会ともつながりを持ち、「おせっかいおばさん」の寄り添い活動につなげている。

「おせっかい」には二種類あると鷲尾さんは言う。一つは「やさしいおせっかい」。もう一つが「余計なおせっかい」だ。「余計なおせっかい」は文字通りに余計なことだ。それは相手のことを考えているのではなく、ただ単に自己満足のためにやっているようなもの。そんな「余計なおせっかい」をされたら、ますます心は閉じてしまう。

「やさしいおせっかい」とはどういうものだろうか。それは、言葉には表れない相手の気持ちを察して、相手が望むことをさりげなくしてあげるということだろう。どういう人がこの「やさしいおせっかい」を焼くことができるのか。それは想像力のある人だと思う。相手の心に寄り添い、何を望んでいるかを想像する。その気持ちを持っている人こそが「やさしいおせっかい」に辿り着くことができるのだろう。

福祉の原点も、つまるところ、この「やさしいおせっかい」に行き着くのではないだろうか。相手がどうしてほしいのかを考えること。「こうしてあげればきっと相手は喜ぶだろう」。そんなふうにこちら側が決めつけるのではなく、あくまでも相手側の気持ちになって考えること。相手の心を想像してあげること。介護の仕事もまた、この心こそが原点となるのだろう。

「Ａさんはいつも笑顔で、周りの人たちに挨拶してくれます。何よりもまじめに仕事に取り組む姿は、私たちのお手本にもなります」

介護職と看護職

現在、一番館には四人の看護スタッフがいる。一番館は最期を看取る場でもあるので、当然のことながら医療行為も必要になってくる。一番館では開所時から看護スタッフを常駐させていた。

同じ施設で仕事をする看護スタッフと介護スタッフ。高齢者のために仕事をするという点では何ら変わりはないが、その考え方には実は大きな違いがあるという。

看護というのは、あくまでも医療現場における仕事である。かつての医療現場における看護とは、患者さんの病気を良くすることが何よりの役割だ。たとえば病気に侵されているのに、認知症により勝手にベッドから起き出す高齢者がいたとする。ベッドを離れるのは危ないので、高齢者をベッドに縛りつけて動けないようにしておく。それが患者のためになる。そういう解釈をするのが医療現場であった。患者をベッドに縛りつけるのは病院では当たり前の時代があり、医療ではそれが許されていたのである。しかし、介護の世界でそれはけっして許されない。仕方なくベッドに縛らざるを得ないこともあるだろうが、基本的には介護者ができるかぎり付き添ってあげる。その労力こそが介護なのである。

「ここでは看護師の募集もしていません。介護スタッフと同じように、知り合いからの紹介やここのやり方に賛同してくれる看護師さんがやってきます」

理事長の佐藤さんは言う。

同じ思いを持って入ってくるのだが、看護師と介護士の協働に疑問を感じ、辞めていく看護師がいるのも事実である。

一番館が開所してから五年目。やはり自前で看護師を養成することが必要だ。そう考えた鷲尾さんは、佐藤さんに白羽の矢を立てた。一時職場を離れて、看護学校で学び資格を取ってほしいと。もちろん学費は法人で支払うということだった。

そうして佐藤さんは三年間、看護学校で学ぶことになった。

「ほんとうに苦しい三年間でした」

佐藤さんの口からはそういう言葉が出てきた。介護士としてのキャリアは申し分がない。その上で看護師の資格まで取得できるというのは、とても恵まれた環境にも思える。佐藤さんはそんな機会を与えてくれた鷲尾さんに十分感謝をしつつも、日々葛藤させられるような三年間を過ごした。

そこには、介護の現場とはかけ離れた価値観が蔓延していたのだ。

「たとえば糖尿病の人は、インスリンの注射をしていますから、食事制限をしなくてはなりません。ご飯は何グラムとか、塩分は何グラム以下とか、とにかく厳しい食事制限がなされます。それは医療の世界では当たり前のことでしょう。しかし、たとえば八十歳を過ぎた高齢者に、そこまで厳密な食事制限を課す必要があるでしょうか。たまには甘いおやつを食べさせてあげたい。そのときは少し多めに薬を飲めばいいのですから、それくらいの楽しみを作ってあげたい。介護の現場ではそう思ってしまいます。しかし、そんなことは治療が最優先である医療の現場では認められないのです」

医療の現場で違和感を感じたことを、佐藤さんは看護学校の教員にぶつけたという。

たとえば、患者さんの報告書を書くとき、看護の世界では「糖尿病のAさん」「脳梗塞のBさん」という書き方をする。病院では当たり前のことだ。しかし、介護の現場では別の書き方をする。「Aさんが糖尿病になりました」「Bさんは脳梗塞を患っておられます」と。一見同じようにも思えるが、やはりその表現には大きな違いがあるのだろう。看護師の報告書は、あくまでも病名を認識することが優先だ。一方の介護士の報告書は、その人の顔が浮かぶことが優先される。どちらが良いということではなく、それぞれに役割分担があるということなのだ。

長く介護の世界に携わっていた佐藤さんだからこそ、どうしても看護の世界に違和感を抱いてしまう。それを教員につい言ってしまう。そしてあるとき、佐藤さんは教員からきっぱりとこう言われた。

「ここで学ぶ三年間は、介護のことをいっさい忘れてください」と。

介護のことを忘れなければならない。それは佐藤さんにとって何より苦しいことだった。介護のために看護師資格を取ろうとしているのに、本分である介護のことを忘れろという。

医療の現場で優先すべきことがある。それは頭では理解している。しかし、心がそれに逆らっていた。

「食後一時間は起こしておかなくてはいけない高齢者がいたとします。どうせ起きているのだから、ベッドにゆったりと座って、テレビでも見せてあげたい。そう考えるのが介護の現場です。しかし、医療ではそうは考えません。背中はまっすぐ九十度になるように座らせなくてはいけない。そう考えるのです。もちろん医学的にはそのほうが正しいのでしょう。しかし、それはあくまでも医学的な正しさに過ぎません。そうではなく、できる限りその人が心地よい状態にしてあげたいとつい考えてしまうのです」

現在の在宅診療では医師も看護師も、ご利用者やご家族の気持ちに寄り添い、何ができるのか、どのようにすべきか、とても丁寧に説明してくれる。

ぐるーぷ藤は、多くの職種の人が集まり、チームとして活動している。そうしたなかで仕事をしている看護師は、ご利用者の気持ちを医師に伝えつつ、生活の質の向上のために何ができるのか、常に心を配らなければならない。

介護職は、こうした状況を理解しつつ、エビデンスを学んでいく必要があるのだ。

佐藤さんにとっては長い三年間だったかもしれない。しかし、佐藤さんが看護師資格を得たことは、ぐるーぷ藤にとってはとても大きなプラスになった。介護スタッフのことはもちろん、共に働く看護師の気持ちにも寄り添えるようになったのである。

時に両者の考え方が食い違うことがある。それは別の道を歩んできたのだから当然のことだ。共にプライドをしっかりと持っているからこそ、意見が食い違うことも生じてくるのだ。

そんなとき、両方の視点を備えている佐藤さんの存在が大きなものとなる。

理事長としての職務。介護スタッフとしての役割。そして、看護師としての仕事。佐藤さんはこの三つの役割を日々こなしているのである。

見えてきた課題

看護と介護の違いについてもう少し触れておきたい。それは似て非なるものではあるが、素人にはわかりにくいものである。

「看護師さんの仕事というのは、その人の抱えている病気を早期に発見し、治療につなぐことも役割の一つなんです」

佐藤さんは端的にそう言った。これが医療というものだ。

体調が優れない高齢者がいた場合、それに気づいた看護師は、すぐさま検査をしようとする。より綿密な検査をするために設備の整った病院に連れていき、そこで血液を採取したり、あるいはレントゲンやＣＴなどで身体を調べる。そうして見つけ出した病に対して治療をしていく。大きな病気ならばそれでもいいが、日常生活に支障のない小さな病に対しても完璧な治療を施そうとする。医療としてそれは当たり前のことだ。しかし、そこで考えなければならないのが、高齢者本人の気持ちであろう。

年を取ってくると、検査そのものが大きな負担になってくる。血液を採取されるだけで調子が悪くなる人もいる。わざわざ苦しい思いをしてまで病を見つけなくてもいい。そう思っている人もいるかもしれない。そんな気持ちに寄り添っていくのが、ぐるーぷ藤の看護師、そして介護士の役割なのだと佐藤さんは言う。

「でもね、ことはそう単純ではないのです。大きな病気じゃなさそうだから、検査はしなくてもいいですね――こちらはその人の身体のことを考えてそう言うのですが、もしかしたらその言葉で傷つく人がいるかもしれません。もう自分は見捨てられたのだと思ってしまう人もいるかもしれない。だから、軽々しい提案はしてはいけないとも思う。そこが難しいところです」

　看護と介護は、決してイコールではない。この部分は正解がないだけに、つねに葛藤が生まれる。

「たとえば私たち介護士は、たくさんお喋りすることが健康にはとても良いことを知っています。たくさんお喋りすると、喉が渇くのでお茶をたくさん飲みます。お喋りをしている間に何杯もお代わりをします。お茶をたくさん飲むことで自然と口の中が綺麗になっていきます。口の中が綺麗な状態であることが、健康にどれほど大切なことか。私たちは経験から知っているのです。しかし残念なことに、そこにはエビデンスがないのです」

　一日にお茶を三杯飲む人と、十杯飲む人の口の中を比較してみる。もしも十杯お茶を飲んでいる人のほうが、三杯しか飲まない人よりも口内細菌が少ないという科学的なエビデンスがあれば、それは介護の世界に科学的な根拠を加えることができる。

もしも糖尿病の人であっても、時には甘いお菓子を食べてもいいという科学的なデータが得られたなら、彼らの日常はもっと明るいものになってくるはずだ。

「たしかにこれまでの介護の世界では、介護士一人ひとりの経験を大切にしてきました。たくさんの人の介護をしながら、それぞれの介護士がベターな方法を見出していく。それはとても素晴らしいことですし、経験こそが最高の財産であることは間違いありません。しかし、これからの介護はそれだけでは壁にぶつかるような気がします。経験してきたことにサイエンスをプラスしていかなくてはならないと思っています」

介護にサイエンスを加えていく。この考え方は鷲尾さんも心に強く抱いていることだ。というより、これからの「ぐるーぷ藤」がめざしていく介護の核となるものである。三年間、苦しい葛藤を重ねながらも看護師の資格を取得した佐藤理事長。その成果は確実に表れるのだ。

＊

未来の介護を変えていくために、サイエンスを融合していく。介護士と看護師はけっして敵対しているわけではない。目の前で苦しんでいたり不自由にしている人たちを助けたい。その思いはまったく同じである。ただ違いがあるとすれば、それは単にどのような行為をするかだけである。介護行為と医療行為。その間には法律という壁が立ちはだかっている。

たとえば喉に穴を開けて、そこにチューブを差し込んで呼吸を確保している状態の人がいたとする。そういう状態の患者さんに付き添うのは大変なことだ。痰が絡みやすいので、しょっちゅう痰の吸引をしなくてはいけない。それは医療行為として認定されている。そして、この医療行為は医師と看護師のほかは、家族に限って行うことが許されている。つまり、その場に家族がいなくて、介護職の人間がいたとしても、痰を吸引することは違法となってしまう。苦しそうに喘いでいる人を前にしても、手を出すことはできない。けっして高度な治療を介護士にさせろということではなく、家族に許される行為くらいは介護職にも認めるべきかもしれない。

喉にチューブを通した人のケアはもちろん簡単なことではない。それは命に直結もしている。その医療行為を介護職にさせることは難しいかもしれないが、日常的なケアについては、もう少し行為の幅を広げる必要があるのではないか。

たとえばグループホームに入居している高齢者が、転んで膝を擦りむいたとしよう。そこで介護士が膝を洗い絆創膏を貼る。これはＯＫだ。ところが、患部を洗った後で、いくつかの塗り薬の中から一つを選び、それを患部に塗ることは医療行為となる。厳密に言えば、転んで怪我をした高齢者の患部を洗って、そこに塗り薬を塗った時点でアウトなのである。このように、現実に則さない法的な決まりがたくさんあるのだという。

医療と介護。たしかにそれは別世界ではあるのだろうが、重なり合っている部分も多くある。明確な線引きが難しい分野でもあるのだ。

「介護職側の意識も変わらなければなりません。これまでのように、ただお世話をするというだけでなく、科学的なエビデンスをしっかりと持ちながら接していくことが求められます。心だけではなく、サイエンスだけでもない。それが新しいこれからの介護職なのかもしれませんね」

今「ぐるーぷ藤」のスタッフたちは、この大きなテーマに向かって歩き続けている。

第2章

二番館への歩み

一番館から二番館へ

安心して人生の最期のときを迎えることができる。そんな終の住処をつくりたい。自分のことだけでなく、両親や親族を入れたくなるような施設をつくりたい。そんな思いから生まれたのが「ぐるーぷ藤一番館・藤が岡」である。高齢者だけでなく、精神に障がいのある人も入所することのできる複合施設である。この一番館の完成は、ぐるーぷ藤のスタッフにとっても大きな転機となった。

「一番館をつくったことには、心から満足しています。それは長く苦しい道のりでもありましたが、私たちの夢が一つの形になりました」

一番館をつくるうえではさまざまなハードルがあったが、まず、その土地を手に入れることの苦労から始まった。一番館が建つ藤沢団地はUR（独立行政法人都市再生機構）が所有している。URがNPO法人に土地を売ったことなど前例がない。そんなことは無理だ。周囲の人はそう思っていた。その大きな山を鷲尾さんの熱意が動かした。

URとの交渉の中で、鷲尾さんには忘れられない場面があるという。藤沢市役所と幾度も交渉を重ね、どうにか藤沢市とUR、そして鷲尾さんたちNPOの三者の会合が行われることが決まった。

その日、鷲尾さんたちは、約束の時間通りに市役所内にある部屋のドアをノックした。部屋の中にはおそらくテーブルが用意されているだろう。そして、そのテーブルの向こう側には市役所の担当者とURの担当者が座っている。数人の人間を前にして、自分たちで交渉しなければならない。さすがに心もとない気分だった。自分の気持ちを鼓舞しながら、鷲尾さんたちはドアを開けた。

すると、そこには思ってもみなかった光景があった。たしかにテーブルは用意されているが、向こう側にURの担当者が座り、相対するように藤沢市役所の担当者が座っていた。そして、鷲尾さんたちは、市役所の人たちの横に座るように言われた。UR対藤沢市とぐるーぷ藤という構図が生まれていたのである。

この席順を見たとき、鷲尾さんはURが土地を売ってくれることを確信したという。鷲尾さんの熱意が藤沢市役所の面々に伝わっていたのである。「この街を良い街にしたい」。その願いは同じなのだ。さらに、横浜銀行からの融資も決まった。銀行が三億円もの融資をNPO法人に行う。これもまた初めてのことだった。これまでの常識を一つひとつ壊しながら、ぐるーぷ藤は一番館を完成させたのである。

そうして一番館完成の熱も冷めないうちに、ぐるーぷ藤には次なるニーズが見え始めていた。これで終わったわけではない。次なるニーズに向かって歩み出さなければならない。

きっかけはスタッフたちの声だった。

「ほんとうにすばらしい施設ができたね。ここでなら安心して最期の日まで過ごすことができるね。両親も入れてあげたいな。でも、やっぱり私たちではなかなか手が届かないよね。入居一時金を払う貯金もないし。自分たちが働いて得たお金で入ることのできる施設があればいいのにね」

それはスタッフ同士の何気ない会話だった。彼女たちが言っていることはその通りだ。もっと気楽に入ることができる施設。たくさんの貯蓄などなくても、年金だけで入れるような施設をつくらなければ。二番館のイメージが固まった。

そこで、ぐるーぷ藤が考えたのが「サービス付き高齢者向け住宅（サ高住）」である。このサ高住には国から補助金が出る。それを利用することで入居費用を抑えることができる。一番館のように看護師を常駐させる必要もないので、人件費も一番館に比べれば安くなる。うまく運営すれば、年金と少しの貯金があれば入居できる施設がつくれるはずだ。こうして、五年後の完成をめざしてぐるーぷ藤は再び走り出した。

そしてもう一つ、スタッフの会話がヒントとなり、給与体系の改革にも乗り出した。

「まずは退職金制度をつくったのです。常勤で定年まで勤めた人には退職金を支払う。その金額の目安は一番館の入居一時金にしようと」

NPO法人で退職金制度を持っているところはほとんどない。加えて、ぐるーぷ藤にはボーナスの制度もある。それはほんとうに珍しいことだ。

「NPOであっても、仕事をしたらその対価を支払うのは当たり前のことです。ボランティア精神は大切だけれど、それは対価を求めないことではありません。このNPOを立ち上げたとき、私はスタッフの給料を市役所の人の給料と同じにするという目標を立てたのです」

　実はこの退職金制度の導入には、常勤に男性職員が加わったことも影響しているという。介護の世界はまだまだ給与が十分ではない。一家の主（あるじ）である男性が介護をやりたいと思っても、そこには給与という壁がある。この壁がある限り、男性がこの世界に参入してくることは難しいだろう。

「たしかに、介護に関しては女性のほうが向いているのかもしれません。訪問介護で食事をつくったり掃除をしたり。そういう作業というのは女性にとっては日常のものです。そういう意味で介護の世界は女性のほうが適していることは間違いありませんが、やはり現状は男性が少なすぎます。男性が組織に加わることでプラスになることはたくさんあります。その意味でも、給与体系の見直しは必要なのです」

いくつかの課題を抱えながら、ぐるーぷ藤は五年後の二番館完成をめざした。まずは土地の獲得であるが、これについては一番館のときとは打って変わって楽だったという。一番館は全国的にも有名になり、全国各地から視察が絶えないほどになっていた。それは藤沢市としても喜ばしいことである。URにしても、ぐるーぷ藤に土地を売ったことが誇りとなっていた。

JR藤沢駅の隣の駅、辻堂（つじどう）。駅から二十分ほど歩けば海に出る。夏には海水浴客で埋まる辻堂海岸。冬でもサーフィンが盛んなところだ。この海沿いに昔から建っているのが辻堂団地。もちろん、ここもURが管理する場所である。そして、この辻堂団地の大幅な建て替えが計画されていた。

この辻堂団地の八百坪の土地をぐるーぷ藤に貸してくれるという。一括で購入するには大変な資金が必要になるが、まずは賃貸契約にしてくれるという。それは願ってもないことだった。

海沿いの八百坪の土地。おそらく三階か四階からは海を眺めることができるだろう。窓を開け放てば海風が部屋を包んでくれる。毎朝の散歩は海まで歩いて五分。こんな素晴らしい環境があるだろうか。言ってみれば、ここはみんなの憧れの場所なのである。

五年後の完成に向けて、青写真は着々とでき上がっていった。二番館への夢は膨らむばかりだった。しかし、一番館ができてからちょうど四年後。さあ、これから計画を具体的に進めようとしていたそのとき、東日本は未曾有（みぞう）の災害に襲われた。

二〇一一年三月十一日午後二時四十六分、東日本をすさまじい揺れが襲った。一番館がある藤沢市も、立っていられないほどの揺れに襲われた。そして、あの巨大な津波が東北地方を襲った。

テレビには、いとも簡単に流されていく家屋や車が映し出されていた。仙台空港では飛行機がプカプカと浮かんだまま流れていく。まるでおもちゃの飛行機のようだった。連日のようにテレビでは学者がまくし立てていた。「この規模の大地震が、必ず関東にもやってくる」と。

海沿いは怖い。もしも東北のような津波に襲われたら、もうなす術（すべ）はない。それを考えれば考えるほど、海沿いに計画している二番館の実現は遠のいていった。二番館建設の計画は白紙に戻された。すでに完成していた青写真が日の目を見ることはなかった。

震災の記憶・その一

東日本大震災が起きてから数日間、鷲尾さんたちは心配で眠れぬ夜を過ごしていた。「市民福祉団体全国協議会」というＮＰＯ法人の全国組織がある。鷲尾さんはその「市民協」の代表理事を務めている。全国にたくさんの仲間たちがいる。そして東北地方にも。

東北の仲間たちとなかなか連絡がつかない。テレビ画面には廃墟のような街並みばかりが映し出されている。みんなは無事なのだろうか。大きな津波から逃れることができただろうか。どう行動を起こせばいいのだろうか。胸が締めつけられるような日々が過ぎていった。

震災から数日後、東北地方の市民協の仲間と連絡がついた。仲間の無事にほっとはしたが、やはり周りには命を失った仲間も大勢いた。一瞬にして家族を奪われた仲間もいた。

「今私にできることは何？　すぐにでも私は駆けつけるから」

鷲尾さんは言った。電話の向こうから答えが返ってきた。

「とにかく今は、力仕事を頼める人が欲しい。寝泊まりする場所の確保も難しいから、簡素な場所でも寝泊まりできる男性の応援が欲しい」

すぐにでも駆けつけたいが、今自分が行っても足手まといになるだけだ。そこで、鷲尾さんはぐるーぷ藤でアルバイトをしていた男性に声をかけた。彼は定時制の高校に通っていた。

「被災地の手伝いに行ってくれないかな。きっとあなたならお役に立てるだろうし、貴重な体験にもなると思うよ」

鷲尾さんの提案を彼はすぐさま受け入れた。一人では何があるか心配なので、大学に通う彼の兄の友人と一緒に行ってもらうことになった。高校の校長先生に許可を得て、ぐるーぷ藤が旅費を彼らに渡した。寝泊まりする場所と食事は先方が用意してくれた。

ボランティアを送れたことはよかったのだが、それでも心配は消えなかった。向こうがどのような状況になっているかはわからない。テレビ画面には映すことができないような残酷な光景がそこにはあるかもしれない。そこに流れる風の匂いをテレビで感じることはできない。まだまだ精神的に未熟な少年が、その悲惨な状況を目にして大丈夫だろうか。ＰＴＳＤ（心的外傷後ストレス障害）のような症状が起きないとも限らない。

しかし二人は、一週間を被災地で過ごし、無事に藤沢に帰ってきた。若く頑丈な彼らだが、やはり少し痩せたようにも見えた。二人は多くを語らなかった。ただ二人は、口をそろえて言った。

「この一週間で、私の人生観は変わりました」と。

人生観がどのように変わったのか。いったい何を見てきたのか。鷲尾さんは、あえて細かく尋ねることはしなかった。ただ、普段見せることのない二人の厳しい表情から、そのショックの大きさを垣間見ることはできた。

先述の「市民福祉団体全国協議会」が主催する「パラソル喫茶」にも、開催された全十三回すべて、ぐるーぷ藤からそれぞれ二名ずつ参加した。

パラソル喫茶とは、一九九五年の阪神・淡路大震災の教訓から生まれた、被災地支援の一つ。避難所や仮設住宅の空き地にテントを設営し、テーブルや椅子を配置して、即席のオープンカフェを提供する取り組みだ。被災者の傷ついた心に寄り添い、おもてなしを行う試みだが、回を追うごとに、被災者の固い表情も和み、心を通わせることができるようになったのは、何よりもうれしいことだった。

七月になり、ようやく鉄道やバスが復旧し始めた。それを待っていたかのように、鷲尾さんは支援金を手に東北に向かった。

そこには、これまで見たことのない光景が広がっていた。だだっ広い更地が広がっていた。家は一軒も見当たらない。そして更地の真ん中には、海から流されてきた大きな漁船が、船尾を上にして地面に突き刺さっていた。日常ではあり得ないような光景がそこにはあった。

朝早くから夕刻まで、鷲尾さんたちは被災地を回り、仲間に支援金を届けて歩いた。避難所で暮らす人たちに今何が必要なのかを尋ねた。何人かの人が口をそろえて言った。

「自転車が欲しい。この避難所から子どもたちは学校に通っています。学校までの距離が遠い子どもにとっては歩くのが大変です。大人にとっても、自転車こそが生活の足になっている。一台でもいいから自転車をください」と。

たとえば、自転車を十台調達することは、都市部ではそう難しいことではない。量販店などに行けば、一万円ほどで手に入れることができるだろう。鷲尾さんはそう頭の中で算段した。

しかし、ある女性がこう言葉を足した。

「自転車は欲しいのですが、東京で売っているような自転車ではすぐに壊れてしまうでしょう。格好なんかどうでもいいので、とにかく頑丈な自転車をください」と。

たしかにその通りだ。都市部で販売されている華奢な自転車は、都会のアスファルトを走るには十分だが、田舎の田圃（たんぼ）道や、ましてまだがれきが残る路ではすぐに壊れてしまうだろう。何とかして頑丈な自転車を現地で調達することができないだろうか。鷲尾さんは避難所にいる人に聞いた。

「この街に自転車屋さんはありませんか」と。街には一軒の自転車屋があったが、店ごと流されてしまったという。店は流されたけれど、自転車屋のご主人は無事だという。そこで、鷲尾さんは自転車屋のご主人を見つけ、この街でもう一度自転車屋を再建してくれないかと頼んだ。もちろんご主人にとっても願ってもないことだった。

問屋から材料を集め、屋根の下でご主人は十台の自転車を組み立てた。とても頑丈な自転車だった。当然、一台の値段は、都市部の量販店で求めるより何倍にもなった。それでもかまわない。これをきっかけにして自転車屋さんが復興すれば、そこから新たな商店街がきっと生まれてくる。復興の手伝いとは物資を送ることだけではないのだ。

また、別の市民協の友人のもとを訪れたとき、ミシンを送ってほしいという要望があった。この要望には気がつかなかった。洋服などは支援物資として十分に届いている。アパレルメーカーからも新品の洋服が届いている。着る物には不自由していないだろうと思っていた。

もちろん不自由はしていない。しかし、やはり日常の繕(つくろ)いものは必ず出てくる。子どもたちはすぐにズボンを破いてくる。中学生や高校生の運動服にしても、いちいち支援物資の中から探すこともできない。やはりミシンというのは生活にとって欠かすことができないものなのだ。

鷲尾さんは藤沢に戻ると、すぐに藤沢ミシンを訪れた。藤沢ミシンは昔からこの地で商いを営む老舗ミシン屋だ。鷲尾さんはそのご主人に頼むことにした。

「被災地ではミシンが欲しいという要望がありました。何とか五台くらい用意していただけませんか。ですが、たくさんの予算はありません。これだけしか予算はないのですが、これで五台送ってほしいんです」

それはけっして商売として成り立つような金額ではなかっただろう。しかし、藤沢ミシンのご主人は二つ返事で引き受けてくれた。ほぼ原価に近い値段で五台のミシンを用意してくれた。

それだけではなかった。藤沢ミシンのご主人が、いつも取引しているジャノメにも声をかけてくれたのだ。老舗メーカーであるジャノメはさっそく鷲尾さんたちの活動に賛同し、数台のミシンを無償で被災地に送ってくれた。

「多くの人たちが助けてくれました」

と鷲尾さんは言う。しかし、周りを動かし、先頭を走ったのは、やはり鷲尾さんだったのではないか。小さな水滴がやがて大河となるように、きっと日本中のどこかで、鷲尾さんのように先頭を走り出していた人たちがたくさんいたのだろう。あの大震災は、東北だけを襲ったのではなく、すべての日本人の心を襲ったのだと思う。

震災の記憶・その二

東日本大震災からおおよそ一年後。街のがれきはほぼ撤去された。鉄道や道路なども少しずつではあるが整備され始めた。しかし、街の風景はすっかり変わってしまった。かつてそこに、どんな街があったのか。どんな人たちが暮らしていたのだろうか。そんなことさえ忘れてしまったようだ。

かつての街は消えていたが、大地に根を張りしっかりと生きている人々も大勢いた。大切な人を喪（うしな）った悲しみは癒（い）えることはない。それでも前を向いて歩き始めなければならない。こうして生きていることをしっかりと見つめながら、被災者たちは一歩ずつ歩み始めようとしていた。

その歩みに手を差し伸べるべく国は動いた。被災した地域を回り、復興の手助けをするというプロジェクト。具体的には、被災者たちの望む活動に対して資金を提供するということだ。

一つのプロジェクトに対して三百万円を資金提供する。そんな活動が始まった。

しかし、闇雲に資金を提供するわけにはいかない。そこで、国はさまざまな場で活躍する人たちを送り込むことにした。被災者たちの要望を聞き取り、的確なアドバイスをするためである。それは被災者たちの「小さな夢」を「現実の形」にするためのものだった。そして、このプロジェクトの一員として、鷲尾さんも派遣されることになった。

「震災直後に行ったときとは目的が違います。前回はただ何らかの力になりたいという漠然とした思いで動きましたが、今回は少し先の未来を見つめるお手伝いをするわけです。今をどうするかではなく、明日をどうするかという使命があったのです」

南三陸に入った鷲尾さんのところに、さっそく一人の主婦が相談にやってきた。

「ここで食堂を出したいんです。母親がつくってくれた、おふくろの味を提供できる食堂をつくりたい。少しでもみんなの気持ちがほっとするような楽しい場をつくりたいんです」

きっと料理自慢の女性なのだろう。自分がつくる手料理で皆を元気にしたい。そういう思いが感じられた。

企画としてはとても素晴らしいことだが、それをたった一人で実行するのは難しい。いや、二人で協力し合ったとしても、毎日食堂を開けることはできない。彼女たちはプロではない。

いくらおふくろの味を提供する食堂だとしても、素人が簡単に運営できるものではない。そこで、鷲尾さんはこんなアドバイスをした。

「まずは仲の良い仲間を三人集めてください。お店の方針を決めるにしても、二人では話し合いになりません。二人でやれば『これをやろうか』『うん、やろう』『やっぱりやめようか』『そうだね、やめよう』、これで終わってしまいます。それでは店は機能しません。まずは三人集めて、次にその三人が一人ずつ信頼する友達を連れてくる。こうして六人集まれば、何とか食堂をやっていくことができるでしょう」

たとえば六人いれば、週に一度だけメインの調理をすればいい。あとはメインの人の調理を手伝うだけ。週に一度くらいなら、メニューを考えるのも簡単だろう。しかし、三人しかいなければ週に二度も調理担当にならなくてはいけない。もしも一人でも風邪をひけば、週に三度のメニューを考えなくてはならない。これはプロでなければできることではない。いかに仕事を分担していくことが大事であるかを鷲尾さんはアドバイスした。

仕事を分担して、みんなで助け合っていくこと。誰か一人に仕事が集中したり、責任が集中すれば、そのチームにはきっと無理が生じてくる。鷲尾さんはこれまでのぐるーぷ藤での活動を通して、それを学んできた。

支援が実を結んだ「かあちゃん食堂」

「かあちゃん食堂」と名づけられたこの食堂はみごとに成功した。週に五日営業される「かあちゃん食堂」には連日たくさんの人たちがやってきた。地元の人ばかりでなく、うわさを聞きつけた近隣の人たちもやってきた。テレビでも紹介され、「かあちゃん食堂」はまさに復興の旗印となったのである。

その一年後、鷲尾さんは再び南三陸に足を運んだ。「かあちゃん食堂」はまだ続いているだろうか。あの時の活気がまだそこにあるだろうかと。

「かあちゃん食堂」はみごとに発展していた。初めのうちは定食だけだったが、いつしかお酒も提供するようになり、仕事を終えたお父ちゃんたちで賑わうようになっていた。日が暮れても、「かあちゃん食堂」からの楽しそうな笑い声が響いていた。

ほんの少しだけ、復興のお手伝いをすることができた。鷲尾さんの心に温かな風が吹いた。そして、この「かあちゃん食堂」の成功が、後のぐるーぷ藤の活動のモデルとなったのだ。

震災の記憶・その三

復興の兆しが少しずつ見え始めた頃、事務局長の酒井さんはもう一人のスタッフと一緒に南三陸を訪れた。復興が進み、避難所生活をする人も少なくなっていた。人々は新しい復興住宅に入ったり、自分の力で自宅の再建をしたりと歩みを進めていた。

この段階ではボランティア活動は少ないものの、何とか仲間たちを励ましたいと、ぐるーぷ藤では代わる代わるスタッフを現地に向かわせていた。その数は総勢二十人を超えた。

「とくに何ができるわけではないけれど、仲間が全国で応援しているということだけでも知らせたかったんです。そして、私たちが行くことで、少しでも現地にお金が落ちればいい。それくらいしかできませんから」

実は酒井さんは、震災の一年前に南三陸を訪れていたのだと言う。友人と一緒に、美味しいものを食べに行く。それはとても楽しい旅行だった。街の商店街は賑やかで、漁港にもたくさんの船が出入りしていた。漁港近くの食堂で食べた海鮮料理は格別だった。「いつかまた来たい」、そう思いながら旅行を終えた。

そんな街が、消えていた。あの漁港の食堂も流されていた。どこにその店があったのか。それさえもわからないほどに街は変貌していたという。

ＮＰＯ法人の仲間の家に、民泊という形でお世話になった。夜にはいろいろな話を聞いた。聞くには辛すぎる話もあった。数えきれないほどの悲しみを乗り越えながら、東北の人たちは一生懸命に生きていた。

翌日、酒井さんは街の中を歩いた。海沿いを離れて、人々は暮らし始めていた。かつては畑だった土地にも復興住宅が立ち並んでいた。一見すると、暮らし向きは改善されているようにも見えた。しかし、街を歩きながら、酒井さんは気になる様子をあちらこちらで目にしていた。

「高齢者の方が、何をするでもなくボーっとして座っているんです。家の前だったり、街の片隅のベンチだったり、遠くを見ながらただ座っている。その光景は日向ぼっこのような明るいものではなく、どこか寂しさが漂うものでした」

高齢者たちは、一日中何もすることがないのだ。震災の前までは、高齢者にも役割があった。農家の高齢者は作物の出荷の手伝いをする。家が漁師をしている高齢者は、上がった魚をさばくという仕事もある。そして、数時間の仕事をした後には、近所の友達同士が集まってお茶とお菓子を楽しむ。高齢者には「やるべきこと」が一日の中にたくさんあった。

震災は高齢者から「生きがい」をも奪ったのだ。亡くなった友人もいる。この街を出ていった友人もいる。独りぼっちになり、復興住宅に引きこもってしまった友人もいる。それだけでなく、仕事場であった畑や漁港も奪われてしまった。あまりにも多くのものを震災は奪っていった。

「若い人たちは街を出ていきます。でも、高齢者はこの街から離れることはできません。どうして離れられないのか。それはきっと、知らない土地で孤独になることが怖いからだと思います」

孤独の怖さと何もすることのない辛さ。その両方が一度に押し寄せていた。

「高齢者には表情がないと言われますが、そんなことはけっしてありません。黙って海を見ながら座っていた高齢の女性。その顔には寂しさがにじみ出ていました」

日々高齢者と接している酒井さんだからこそ、その悲しみに思いを馳せることができたのだろう。

二番館・柄沢の完成

一番館が完成した後、五年計画で進んでいた二番館の建設。そこに襲ってきた東日本大震災。海沿いに建設することに対する不安感が、スタッフだけでなく地元住民の間にも広がっていった。もう辻堂という場所に二番館を建設することはできない。もちろん辻堂海岸がとくに危険であることはないが、やはりスタッフたちの不安を考えれば、他の土地を探さざるを得なかった。

その後、山の手の土地を探し、いくつかの候補地についてさまざまな検討を重ねた。最終的に、藤沢市土地開発公社から「柄沢」に土地を提供してもらうことができた。

「二番館は本当に便利な場所です。隣には大型のスーパーマーケットがありますし、食事ができる店や病院なども揃っている。サ高住は基本的には独立した生活ができる高齢者が入居しますから、もう打ってつけの場所を提供してくれたのです」

二番館には計四十四戸がある。ほとんどは一人部屋だが、夫婦二人で住める部屋も三部屋用意されている。全室バリアフリーで、トイレと浴室またはシャワールーム、小さなキッチンも完備されている。賃貸契約なので入居一時金なども不要だ。この部屋で入居者たちは自由に暮らすことができる。

外に出かけるのももちろん自由。館内にはレストランもあるが、スーパーで買い出しをして自炊を楽しむこともできる。家族の訪問も自由だ。普通の賃貸マンションと何ら変わることはない。

その上で敷地内にはプールを備えた通所介護事業所や小規模多機能型居宅介護事業所、居宅介護支援事業所（ケアマネジャー）があり、介護支援も充実している。ともかく、高齢者が一人でも、安心して暮らすことができる。

「二番館の建設が進んでいたとき、夫がある提案をしてきました。せっかくだから、私たちも入居しようよと言い出したのです。いずれは入ろうかと考えてはいましたが、まさかすぐに入ることは考えてもいませんでした。しかし、せっかくの夫からの提案ですから、私たち夫婦もこの二番館で暮らすことにしたのです」

建設中の二番館（上）と、二番館のモデルルーム（下）

鷲尾さんの自宅は一番館からそう遠くない場所にある。二番館からも車で十五分ほどだ。普通に考えれば今入居する必要はないだろう。しかし、鷲尾さんの中にはある思いがあった。いかに綿密に計画して建てたとしても、実際に暮らしてみなければわからないことがあるはずだ。頭だけで考えるのではなく、自分自身が経験することが大事だ。不都合や不足した部分があれば、自分で暮らしながら改善していく。暮らす人たちの身になって運営していくことが大事だという思いがあった。

施設の代表がその施設に住む。そんなことは聞いたことがないと銀行の融資担当者は言った。「やめたほうがいいですよ。一緒に暮らせば、あれこれと要望を言ってくる人が絶対に出てきます。不満のはけ口が鷲尾さんのところに集まってきますよ」。そうアドバイスする人がたくさんいた。もちろん、鷲尾さんに余計な気苦労をかけさせたくないという思いからのアドバイスだった。

「たしかに暮らし始めると、入居者のみなさんからはあれこれと要望が出てきます。なるほどと思い改善することもあれば、さすがに無理な要望もあります。でも、つねに入居者の目線でいることで、施設はさらに良くなっていくと私は思っています。だって、そこで働くスタッフが、こんなところに入居したくないと思うような施設に、誰が入りたいと思いますか」

二番館に住むことで気苦労もあるだろう。それでも鷲尾さんは、ここに暮らせてほんとうに幸せだと言う。

「夫は、もしも私に何かあったときには、自宅に戻ると言っています。でも私は、もし夫に先立たれたとしても、もう自宅に戻ることは考えていません。そして、認知症になったり、医療が必要な状態になったら、一番館に入れてほしいと子どもたちには話しています」

最後は子どもたちの判断に任せるという。もしも認知症になったとしたら、もう的確な判断はできない。判断力を失うことは、すなわち子どものようなわがままな気持ちだけが表面に出やすくなるということだ。そうなったら、もう子どもが判断すればいい。そんな覚悟が、これからの高齢者には必要なのかもしれない。

超音波流水プール

「二番館・柄沢」の敷地内には、通所介護「アクアデイ菜の花」がある。そこにあるのが超音波流水プール。七メートル×三メートルの長方形、水深一メートルもある。中には超音波の水が流れており、その中を歩いているだけで体中がほぐされていく。

介護施設の中にこのプールを設置したのは関東ではここが初めてだ。どうしてこんな発想が出てきたのだろう。

「関西地方に講師として呼ばれて行ったのですが、そのときにそこのスタッフたちが熊野古道を案内してくれたんです。神秘的な熊野古道を歩きながら、あるスタッフがプールの話を何気なく始めたのです。とにかく水中での運動は高齢者には最適だと。その瞬間、私は決めました。二番館にプールを取り入れようと」

鷲尾さんの行動はとても早い。ピンと来ることがあれば、すぐに行動を起こす。「いつかやろう」ではなく「今やれることはすぐにやる」という精神だ。さっそく超音波流水プールの製造メーカーを紹介してもらった。すると驚いたことに、そのメーカーの経営者は、鷲尾さんの自宅の近所に住んでいた。ここにもまた、不思議な縁を感じたという。そして鷲尾さんは、その「縁」をすぐさま結んだのだ。

「何か新しいことを始めようとするときには、やはりエビデンスが必要なのです。ＮＰＯでも同じことです。何となく水中運動は身体に良いだろうというのではなく、科学的、医学的にそれが証明されていなければなりません。闇雲に勘だけで新しいことを始めても続かないと私は考えています」

鷲尾さんはさっそく水中運動の専門家を探した。当時テレビ番組などにも出演しており、水中運動の効果を研究している国士舘大学体育学部の須藤明治（あきはる）教授と連絡をとった。ただプールに入るだけでなく、その中でどのような運動をすればいいのか。膝が悪い人の運動の仕方、筋力をつけたいという人の運動の仕方。それらについて細かく須藤先生に指導を仰いだ。

「菜の花」に設置されている大型のプール

高齢者に推奨するために、まずはスタッフが実際にプールに入って実演しなくてはならない。科学的な知識を学びながら、実際に練習した。

プールに入るには水着に着替えなくてはならない。

「この水着に着替えるという行為が、高齢者には大変なんです。特に女性は大変です。水着に着替えるだけで相当な体力を消耗してしまいますから」

水着に着替えるのは、高齢者でなくとも大変なものだ。水着に着替えるためには、身体のあちこちの関節を動かさなくてはいけない。日ごろは使わないような筋肉や関節を動かすこともあるだろう。しかし、考えようによっては、この水着に着替えるという行為そのものが、高齢者にとってはすばらしい運動になっているとも言えないだろうか。着替えることによって身体の柔軟性が回復してくることもあるだろう。

そんなこともあり、この超音波流水プールは大人気となっている。このプールで運動することで基礎体温が上昇する。基礎体温が上がるということは、すなわち免疫力が上がるということだ。それは医学的にも証明されている。

自前で井戸を掘る

鷲尾さんが三十年も前から心がけていることがある。それは、いかにして自然に近い形で生活をしていくかということだ。自然なものに目が向いたきっかけは、息子のアトピー性皮膚炎だ。生後七カ月のころからおむつかぶれが酷くなってきた。きっと肌が弱い体質なのだろう。成長するにしたがって良くなるだろう。そう考えていたのだが、息子のアトピーは酷くなるばかりだった。

必死になって原因を探した。これは単なる体質などではない。「複合汚染」という言葉が世間で言われ始めていた。ともに生協活動をしていた友人が言った。「それって、もしかしたら合成洗剤が原因じゃないの」と。すぐさま鷲尾さんは、家中の洗剤やシャンプーを交換した。石油を使ってつくる合成洗剤ではなく、天然素材で作られる石鹸（せっけん）にすべて変えたのである。そうして半年ほどが過ぎたとき、息子のアトピーは嘘のように消えていた。

「あのときから私は決めました。これからは、できる限り自然なもので生活していこうと。人間が科学技術によって生み出したものには限界があります。それらがやがて地球環境を悪くしていく。〝自然〟に目を向けると、その延長線上に井戸があることに気づきました。日本の地下には美しい水が流れています。水道ではなく、できるだけ井戸水の活用をする。私たちは昔からＳＤＧｓの理念を実践していたんですよ」

もちろん、井戸を掘るには安くはないお金が必要だ。整備されている水道を使用するほうが安く済むことは間違いない。それでも鷲尾さんは井戸水に拘った。

「実は一番館を建てるときにも井戸を掘りたいと思っていました。しかし、一番館の建つ場所は丘の上。掘れないことはないけれど、膨大な費用が必要です。仕方なく断念したのです。でも、今度の二番館が建つのは柄沢という地名です。この地名を見たとき、ここには必ず水脈があると思いました。何せ名前に沢がつくのですから」

銀行の人から井戸掘りを生業としている業者さんを紹介してもらった。その名も「井戸屋」。こんな職業があることを世の中の人はあまり知らないだろうが、日本では古くからある伝統的な職業なのである。かつて水道などなかった時代、日本人の命を支えていたのが「井戸屋」さんたちだった。

さっそく鷲尾さんは井戸屋さんと交渉を始めた。まずは、どれくらい掘れば水が出ますかと聞いた。井戸屋さんは「おそらく三十メートルも掘れば水は出ますよ」と言う。でも、それは飲料水にできるような美しい水ではない。ただの水ではなく、名水と言われるような水を出してほしい。いったいどれくらい掘れば名水が出てくれるのか。そんなことは井戸屋さんにもわからない。それでも鷲尾さんは頼み込んだ。

「ここから名水を出してください。でも、予算はこれだけしかありません。何とかこれだけの予算で掘ってほしい。足りない分は、私自らが宣伝活動をして恩返しをしますから」

鷲尾さんのこの申し出を、井戸屋さんは快く受け入れてくれた。そして数ヵ月後、八十七メートルも掘り進めたとき、美しい水が湧き出てきた。すぐに検査のために神奈川県庁に持っていくと、県の担当者はこう言った。「これはすばらしい水です」と。

鷲尾さんと井戸屋さんは手を取り合って喜んだ。井戸は全国各地にあるけれど、「名水」と認定されるものは少ない。もちろんこれを「柄沢の名水」として宣伝すれば、それを目当てに大勢の人たちがやってくるだろう。少なからず利益を生むことにもなるだろう。しかし、ここで暮らす人たちのことを考えれば、やはり静かな環境にしておきたい。鷲尾さんはあえてこの名水を世に知らしめることをせず、二番館でのみ使用することを決めた。

掘り当てた井戸“柄沢の名水”。そのおいしさは折り紙付きだ

この名水を地域の人たちに公開することはしないが、有事のときに地域社会に貢献できるようにしておきたい。鷲尾さんはそう考え、二番館の敷地内に水洗トイレを設置することを決めた。通常は閉じられているけれど、震災などの災害に見舞われたとき、すぐに四基のトイレを準備できるようにした。実はこのトイレ構想は、東日本大震災のときに現地で遭遇した光景が参考になっている。

被災地に入った鷲尾さんは、避難所と

なっている小学校を訪れていた。物資は十分に届いている。生活に重大な支障は出ていない。しかし、学校中には何ともいえない不快な臭いが漂っていた。

鷲尾さんがその避難所にいたとき、医師をはじめとした医療スタッフが到着した。それはみんなにとってとても心強いことだった。避難所に到着するや否や、一人の医師がトイレに向かった。水道が機能していないために、トイレの糞尿が流されないままになっていた。これが不快な臭いの原因だった。すると、医師は躊躇することなく便器の中に手を入れて、詰まっていた糞尿を掻き出しはじめた。

汚れたトイレには大腸菌をはじめ、さまざまな菌が繁殖している。これが重大な健康被害につながっていく。まずはトイレを清潔にすること、それこそが医療の第一歩なのだ。この医師の行動を見て、鷲尾さんは至極当たり前のことに気づかされたという。

「私たち人間にとって食事はとても大切なことです。食べて飲むことで生きています。しかし、それと同じくらい、いやそれよりも大事なことは排泄なんです。いくら栄養ある食べ物を摂ったとしても、トイレが不衛生であれば健康を保つことはできない。その当たり前のことに気づかされました」

大きな災害に見舞われたとき、地域には避難所ができる。そして、翌日か翌々日には飲料水や食料は届けられる。しかし、それでは十分ではない。人間の身体から出すものをいかに処理していくか。そこまで考えておかなければ、人の命を救うことはできない。

「できれば、日本中の小学校に井戸を掘ることができたらいいと私は思っています」

もしも全国の小学校のすべてに井戸があったら、どれほど地域の住民は安心できるだろうか。水道が止まっても、とにかく小学校に行けばきれいな水を飲むことができる。もしも災害が起きて避難所になったとしても、清潔なトイレが小学校にはある。これこそがまさにSDGsそのものだ。

現在二番館アクア棟の水はすべてこの井戸から供給されている。生活水はもちろんのこと、超音波流水プールの水もこの井戸で賄われている。さらにはソーラーシステムによる発電システムも設置されている。井戸の水も一定量がストックされており、まさに地域の防災拠点としての機能を備えているのだ。

＊

この二番館の井戸の完成については、井戸屋さんもまた大きなやりがいを感じてくれた。というのも、この井戸のことが国土交通省の中でも話題になったからだという。

「このシステムが国土交通省でも採用され、新潟県と長野県で設置されました。東京都品川区役所や静岡県浜松市役所でも採用されています。本当にありがとうございます」

井戸屋さんからそんな話を聞いた。無理な予算にもかかわらず、八十七メートルも掘ってくれた井戸屋さんに、ささやかな恩返しができた。そして、もう一つこんなエピソードを話してくれた。

鷲尾さんはNPOの代表の一人として、首相官邸に行くことがある。介護の現状やNPO法人の活動を官邸が聞かせてほしいということで赴く。ある日、官邸に向かっていた鷲尾さんは、東京メトロの国会議事堂前駅でばったりと海老根靖典さんと会った。海老根さんは元藤沢市長。一番館を建てたときに尽力してくれたのがこの海老根さんだった。どうしたんですか、こんなところで、と鷲尾さんが尋ねると、海老根さんは言った。

「国会議員の知り合いにも、井戸屋さんの災害用水洗トイレシステムがあることを伝えているんだよ。二番館だけで止めておくのはもったいないからね」

鷲尾さんたちの思いや活動はこうして、賛同する周りの人たちによって広がっていく。宣伝費を使うわけでもなく、頼んでいるわけでもない。それでも思いが広がっていくのは、そこに純粋な気持ちが共有されているからだろう。

二番館のこれから

「二番館・柄沢」の部屋を訪れたとき、とてもコンパクトではあるけれど、いささか狭いような印象を受けた。言うなればホテルのシングルルームのようなもので、寝泊まりするには申し分はないが、ここで長期にわたって暮らすには少し狭いように感じる。これまで一軒家で暮らしていた高齢者が、はたしてこの部屋で快適な生活を送ることができるのだろうか。その問いに理事長の佐藤さんは答えてくれた。

「私自身も、まったく同じような感想を持っていました。いくら一人暮らしとはいえ、少し狭いかなと。スペースを考えれば、自宅からたくさんの物を持ってくることはできませんからね」

中には大きな一軒家から入居してくる人もいる。それまで何十年と暮らしていた部屋にはたくさんの持ち物があるだろう。捨てたくはない思い出の品もある。そうしたものをできる限り処分しなければならない。はたしてそんなことができるのだろうか。

「それがね、意外とみなさん気になさらないんです。もうこの部屋に入る分だけしか持ってこられないと思えば、案外ふっきれるんですね。そして、改めて本当に必要な物、本当に大切な物を選択するいい機会になっているみたいなんです」

たしかに物が溢れている時代だ。高齢者ばかりでなく、若い人たちもまた物に囲まれて生きている。たくさんの物の中で、本当に必要な物は何か。それを見極めることが大切なことだと思う。若い頃には「必要な物」はたくさんあるだろう。仕事に必要な物もあるし、趣味を楽しむための物もある。それらはなかなか手放すことができない。しかし、年を取るとともに「必要な物」はどんどん少なくなっていく。

かつては楽しんでいた趣味も、今はもうできなくなっているだろう。「思い出の品」を大切に取っておいたとしても、きっとそれを引っぱり出すこともない。人生の終盤を豊かに過ごすために必要な物。それはけっして多くはない。

「それに、これくらいの広さの部屋だと、どこに何があるかがすぐにわかります。しまった場所も覚えていられます。たとえば、年を取って一軒家などに住んでいたら、きっとどこに何をしまったかわからなくなります。つまりは、不要品に埋もれて暮らしているようなものです」

年相応の生活空間というものがある。佐藤さんはそう言う。それはとてもよくわかる。たしかに、若い頃には「またいつか使うかもしれない」と思って物を捨てないこともあるだろう。

いつか役に立つからと取っておく。しかし、年を取ってくるにしたがって「いつか」という意識は薄れていく。もう「いつか」という日はやってこない。そんなことを実感したときに、人は物から離れることができるのかもしれない。

さて、ではこの二番館に入居してくる人たちは、どんなきっかけでやってくるのだろうか。

「まずは、お連れ合いが亡くなって、独りになったのをきっかけに入居してくる人が多くいます。一人暮らしは何かと不便で心細いですから。また、息子さんや娘さんが、地方から親を呼び寄せるケースも多い。同居はできないけれど、近くに住んでいればしょっちゅう顔を見られますからね。あとは、もう自分の家の管理が大変だからと、自宅を処分してマンション感覚で入居してくる人もいる。とにかく入居のきっかけはさまざまです」

きっかけはさまざまだが、ともかく入居希望者は後を絶たない。しかし、二番館に入居できる人数には限りがある。そして現実を見れば、高齢者が入居できる賃貸マンションやアパートはとても少ない。高齢者の一人暮らしでは何があるかわからない。不動産屋はそれを理由に入居を断る場合がある。これは全国的に抱えている問題だ。

そこで、ぐるーぷ藤は「住まいる藤」という居住支援法人を立ち上げた。家を借りることが難しい高齢者と不動産屋をつなぐという活動だ。

「私たちが責任を持って見守ります。何かあったときには私どもが支援します」

その言葉があれば、不動産屋も安心して部屋を貸すことができる。いずれにしても、これからますます独居老人の数は増えてくるだろう。預貯金がたくさんある高齢者はいいけれど、そうではない高齢者は行き場を失いかねない。

「高齢者の行き場がない。絶対にそんな社会にしてはいけない」

それはぐるーぷ藤の根幹となる理念だ。

*

二番館・柄沢は介護施設ではない。サービス付き高齢者向け住宅である。したがってここでは介護を受けることはできない。常駐しているコンシェルジュは、介護の資格こそ持っているものの、直接介護を行っているわけではない。

ゴミ出しの日をお伝えしたり、困っていそうな高齢者に声掛けなどはするが、それはあくまでも入居者に対するサービスに過ぎない。敷地内にある通所施設を利用することはできるが、基本的には自分の力で生活しなければならない。

もちろん、入居してくるときには、みなさんしっかりとしている。一人暮らしができることが条件であるから、ごく普通の生活能力を備えている。しかし、数年過ごすうちに認知症を発症する人も出てくる。環境の変化や、独りになったという寂しさがきっかけになる場合もある。

真夜中に、契約している警備会社が設置している防犯ブザーが鳴ることもある。認知症が進行した高齢者の場合が多い。そうなればすぐに警備会社の警備員が駆けつけてくる。場合によっては警察官がやってくることもある。

「ほんとうに重度の認知症になれば、もうここで暮らすことはできません。そうなれば有料の老人ホームか認知症のグループホームに行くしかありません。現在では認知症グループホームを私たちは持っていません」

二番館の入居者の中に、認知症が進んで別のグループホームへと移っていった人がいた。仕方がないとは言え、スタッフたちも苦渋の思いで送り出した。そして、それから一年も経たないうちに、その高齢者の訃報が入ってきた。

もちろん何が原因で亡くなったのかはわからない。移った先のホームの問題というわけではないだろう。しかし、もしも自分たちが続けてケアをしていれば、そうはならなかったのではないか。そんな思いがどうしても付きまとってしまう。

「ならば、二番館で認知症になった高齢者が入ることのできる施設を自分たちでつくろう」

それが三番館の構想へとつながっていった。

「私たちは、常にニーズありきで動いています。そこにどんなニーズがあるのか。そのニーズに応えるために何をするべきか。求められていることに応えていくこと。それが使命だと考えています」

すべての活動はニーズありきだった。そこにニーズがあるからそれに応えていく。一番館も二番館も、そしてこれから建設する三番館も、みんな世の中のニーズが生み出したものだ。どこにどのようなニーズがあるのか。ぐるーぷ藤のスタッフはつねにそこを見つめているのだ。

みんなの居場所をつくりたい

独居老人をはじめとして、今、社会では孤独に苛（さいな）まれる人たちが増えている。「孤独死」などという言葉を聞くようになってから久しい。社会の誰とも関わりがなく、孤独の中で暮らしている人たち。そんな人たちが増えている社会は、けっして豊かな社会とは言えないだろう。

もちろん、孤独な人が増えた原因は一つではないだろう。地域社会の変貌や、人間関係の変化など、さまざまな要因が孤独を生み出している。この社会を何とか変えていかなくてはならない。鷲尾さんはつねづねそう考えていた。

「居場所のない人たちがいます。一日中誰とも話すことなく、社会から取り残されたように生きている人たちがいる。社会から取り残された高齢者の姿は、けっして表面には見えてきません。姿が見えないからこそ、そんな人たちの居場所をつくってあげなくてはいけないのです」

この鷲尾さんの思いは、東日本大震災の被災地を回ったことをきっかけに、ますます強くなっていった。東北の街は、表面的には復興が進んでいる。交通機関や道路整備も進んでいる。新しい家々が立ち並ぶようになった。しかし、その「新しい街」には、復興から置いてけぼりにされた多くの老人がいた。かつてあった居場所がなくなっていく。そして、家に閉じこもるようになる。復興とは立派な家を再建することではない。そこに暮らす人たちの居場所を取り戻すことなのだ。

独りで寂しさを抱えている人たちの居場所をつくりたい。そんな気持ちは強くても、実際に場をつくるとなれば先立つものがなくてはならない。ＮＰＯがその資金を調達することは簡単ではない。

そんなとき、厚生労働省がある目標を掲げた。「包括ケア」という名のプロジェクトを推進するという。「包括ケア」とは漠然とした言葉であるが、取りようによっては「居場所づくり」もその中に入ってくる。この言葉に鷲尾さんはピンときた。

実は鷲尾さんは、定期的に厚労省の会議に出席している。社会福祉法人、生協、農協、そしてNPOという四つの非営利団体と二つの営利団体の代表が集まり、日本の福祉について意見交換をする。鷲尾さんは全国のNPOの代表としてこの厚労省の会議に出席していた。その会議の席で耳に入ってきたのが「包括ケア」だった。

厚労省が主催するプロジェクトであれば、そこには予算がつく。ぐるーぷ藤だけの力では不可能だった「居場所づくり」が実現するかもしれない。さっそく鷲尾さんは藤沢市にかけ合った。

「厚労省がこんな政策を提案して始めようとしています。藤沢市が先陣を切ってやりましょう」

藤沢市長にも直接かけ合った。それは単なる構想などではなく、このときすでに鷲尾さんの頭の中には具体的なプランがあったのだ。

藤沢駅から徒歩で十分ほどの場所に「まるだい酒店」という酒屋さんがあった。古くからここで営業していた酒屋さんで、鷲尾さんも小さいころから知っていた。この「まるだい酒店」のご主人が店を閉めて引退するという。ただし、閉店したとしても、店を潰すのではなく、地域の人たちが集まれるような場所にしたいと考えていた。この話を聞いた鷲尾さんは、さっそく「まるだい酒店」のオーナーとかけ合い、店をそのまま借りることにした。もともとは「酒屋」なのだから、倉庫も備えた店内は十分に広い。これだけのスペースがあれば、テーブルや椅子をたくさん置くこともできる。ここに地域の人たちの「居場所」をつくろうと考えたのだ。

名前を「ヨロシク♪まるだい」とつけた。「まるだい酒店」の名前も残した。オープンは月曜日から金曜日の午前十時から午後四時まで。誰が来てもかまわない。昼食には毎日五十食から六十食ほどのランチが準備されている。そのメニューは、大ぶりのお椀に入った肉団子やつみれなど動物性蛋白質と野菜がたっぷりの汁物。それにおにぎりが二つと三品の副菜がついている。栄養的には完璧なお昼ごはんである。

このランチの値段は三百円。通常の店では考えられない値段だ。材料費や人件費を換算すれば赤字になる。それでも鷲尾さんは三百円という値段に拘った。

「ワンコインランチというものがあります。一食で五百円。とても安い値段ですが、たとえば高齢者が毎日食べようと思ったら、二十日間で一万円になります。それはけっして高齢者にとって安い金額ではありません。一食三百円ならば、毎日来ることもできる。だから、この値段設定にしたんです」

この「ヨロシク♪まるだい」は、藤沢市のモデル事業として認定され、補助金も出ることになった。しかし、実はここは補助金だけでは賄えていない。「ヨロシク♪まるだい」にかかる運営費は一年間で一千万円。市から出る補助金は、国からの委託金を合わせても七百万円。年間で三百万円の赤字が出ている。

「初めから赤字になることはわかっていました。それでもいいと私は思いました。ここはあくまでも地域貢献の場。地域のみなさんが心地よく過ごしてくれれば、それで目的は達成されることになります。それに、ここに来たことで初めてぐるーぷ藤の活動を知る人たちもたくさんいます。そういう意味では、宣伝と思えばいいと考えています」

とはいえ、ここを立ち上げるときにはぐるーぷ藤のスタッフからも心配の声が挙がったという。通常NPOが運営するこうした食堂は、せいぜい週に一日か二日である。平日に毎日運営するところなどほとんどないだろう。はたして毎日のランチを提供することができるのだろうか。

このスタッフの心配は当然のことだろう。いくら三百円のランチとはいっても、毎日同じメニューでは飽きる。できれば日替わりで提供したいと思う。でも、そんなことができるのか。

このとき鷲尾さんの頭に浮かんだのが、あの東北で成功した「かあちゃん食堂」だった。一人や二人では毎日つくるのは大変だ。プロではないのだから、それほど多くのメニューをつくれるはずもない。しかし、六人いれば週に一度の調理でいい。毎日食事をつくっている主婦ならば、それぞれに「得意料理」を持っているものだ。みんなが集まって得意料理を披露すれば食堂は十分にやっていける。この鷲尾さんの言葉でスタッフは元気づけられた。実際「ヨロシク♪まるだい」で働くスタッフは全員が有償ボランティアの人たちだ。

ぐるーぷ藤には、一応定年が六十五歳という決まりがある。しかし、六十五歳などといってもまだまだ働き盛りだ。六十五歳を過ぎたスタッフは、それまでの部門を離れても、有償のボランティアとしていろいろな場所で活躍している。そして、ここ「ヨロシク♪まるだい」でも、そういった人たちが腕を振るってランチをつくっているのだ。自分がつくったランチを、みんなが「美味しい」と言って食べてくれる。その姿を見るだけでも満足感を得ることができる。自分の得意な料理をつくり、それに対してお金を得ることもできる。食べた人からはお礼の言葉をもらえる。ここで働くスタッフにとっても「ヨロシク♪まるだい」は心休まる居場所なのである。

そしてもう一つ、ここのランチで驚かされたことがある。必ず提供される具だくさんの汁物。その大ぶりのお椀には、なんと会津塗のお椀が使われているのだ。会津塗のお椀は一つ六千円。普通で考えれば、安価なランチを提供するのなら、食器もできるだけ安価にしようとするものだ。一つ百円のお椀でもいいと考えるだろう。しかし、鷲尾さんはあえて、高価な会津塗のお椀を使うことにした。

「たとえ三百円の安価なランチでも、心は豊かになってほしいのです。食材に高価なものは使えません。豪勢なランチを提供することはできない。でも、だからといって安いお椀を使ってしまったら、ただ『食べる』ことだけになってしまいます。お腹は満たせるかもしれないけれど、心が豊かにはなりません。高価なお椀で食べることで、不思議なことに料理にも付加価値が生まれるのです」

この鷲尾さんの発想はすばらしいと思った。頭だけで考える理屈からは、この発想は生まれない。どうすれば心が満たされるのか。どうすれば小さな幸せを感じることができるのか。そのことにいつも思いを馳せているのだろう。

厚労省が打ち出した新プロジェクトをすぐさま実行に移したこの取り組みは、厚労省の中で

「ヨロシク♪まるだい」の外観

楽しい食事風景

300円のランチでも、中身も器も豪華だ

も話題となっていた。厚労省からは幾度となく視察がやってきた。全国のＮＰＯからも見学が絶えない。みんなが「居場所」をつくろうとしている。居場所の大切さに気がついている。ただ、どうそれをつくるかがわからないのだ。

厚労省の定例会議に出席したとき、たまたま会った厚労省の課長に鷲尾さんは声をかけた。

「『ヨロシク♪まるだい』を藤沢市がモデル事業にしてくれました。これは藤沢モデルと言ってもいいいですね」

厚労省の課長は返した。

「藤沢モデルだなんてとんでもない。鷲尾さん、これは全国モデルですよ」と。

みんな話を聞いてもらいたくてやってくる

「ヨロシク♪まるだい」のランチの開始は午前十一時。十分ほど前になると、もう数人の高齢者がドアの前に並んでいる。美味しいランチを楽しみにやってくる。毎日みんなを出迎えているのは「ヨロシク♪まるだい」の責任者を務める境野由記子（さかいのゆきこ）さんだ。二年前からここを任されている。最初に責任者を頼まれたとき、「どうして私が」と思ったと境野さんは言う。

「私は介護の仕事がしたいのに、ここではそれができません。街中の食堂と同じようなものですから、要するに接客が仕事になってきます。介護が自分の天職だと思っていますから、少し不満はありました」

介護が天職だと言い切る境野さんだが、初めから介護の世界をめざしていたわけではなかった。ぐるーぷ藤と関わって十六年が経つという境野さんの物語を聞いた。

「きっかけはバレーボール仲間からの誘いでした。週に一度、デイサービスへの送り迎えを頼まれたのが介護の世界に足を踏み入れた最初でした」

境野さんの家の近くに、ぐるーぷ藤が運営するデイサービスがあった。高齢者を迎えに行き、デイサービスまでお連れする。そしてまた自宅まで送っていく。一軒一軒送り迎えするわけだから、なかなかその人員を確保するのが難しい。そこで、デイサービスの中で介護の仕事をするのではなく、送り迎えをしてくれる人を探していたのだ。週に一度、高齢者の送り迎えをする。子育てに忙しい境野さんにとっても、それくらいなら負担にはならない。仲間からの誘いということもあって、喜んで引き受けた。

「初めは送り迎えだけでしたが、そのうちにデイサービスも手伝ってもらえないかと言われたんです。週に一日か二日。何時間でもかまわない。子どもの用事ができたら誰かが代わってくれる。そんなわがままな働き方でいいというので、デイサービスの仕事もやるようになりました」

境野さんはヘルパー二級の資格を取り、介護の仕事を手伝うようになる。しかし、そうなってもなお、特に介護の世界に関心を持っていたわけではなかった。当時境野さんは、ファミリーレストランの厨房で仕事をしていた。十年間も続けていたその仕事を辞めるつもりもなかった。介護の仕事はあくまでも「ちょっとしたアルバイト」感覚だった。

そんな境野さんの転機となった出来事がある。それは、親しくしていた友人の死だった。その友人は癌を患い、自宅で寝たきりの生活を余儀なくされていた。境野さんは自分の仕事をセーブして、できるかぎり友人の自宅を訪れていた。彼女のために何かをしてあげたい。そう思うけれど、自分にできることは何もない。少しでも彼女を楽にしてあげたい。いったい何をすればいいのか。

そんなとき、境野さんをデイサービスに誘ったバレーボール仲間がいろいろなアドバイスをくれた。「家のベッドはこんなベッドにしたほうがいいよ」「車椅子を用意してあげたほうがいいよ」「着替えを手伝うときには、こんなふうにすればいいよ」と。

それらの知識はすべて介護の経験から身につけたものだった。残念ながら友人は旅立ってしまったが、境野さんは彼女への看病の経験によって気づかされた。介護というのは、何も高齢者のことだけではない。身体が不自由な人、病に侵されている人、さらには心が弱っている人たちすべての手助けになる。この仕事は、一生をかけてもやる価値があると。

そして境野さんは、本格的にぐるーぷ藤のスタッフとして働き始めた。

「一番館ができてからは、しがらきの湯で働いていました。子どもたちも大きくなりましたので、夜勤のシフトにも入るようになりました。もうどっぷりと介護の世界に入っていきましたね。体力的にはしんどいこともありましたが、本当に充実した日々です。この仕事こそが自分の天職だとつくづく感じました」

一番館での仕事と比べれば、ここ「ヨロシク♪まるだい」での仕事は楽だと感じた。特に送り迎えをすることもない。みんな自分の足でやってきて、また自分で帰っていく。調理は有償ボランティアの人たちがつくってくれるので、境野さんの役割はみんなを迎えたり、ランチを運んだりするだけだ。そんな仕事に物足りなさを感じていた。

しかし、やってくる高齢者と接するうちに、みんながここにくる目的が少しずつ見えてきたのだ。もちろん美味しくて安いランチも楽しみだが、けっしてランチだけが目的ではない。この場所に何を期待しているのか。ここにやってくる人たちの一番の目的は「誰かに話を聞いてもらうこと」だった。

高齢者を迎えたら、境野さんはとにかく話をする。たわいない話でもかまわない。お天気の話やお芝居の話でもかまわない。その人がどんな話をしたがっているのか。何か聞いてほしいことがあるのか。目の前に座る高齢者一人ひとりの心に寄り添って、しっかりと向き合うこと。それこそが自分に与えられたここでの役割だと境野さんは気づいた。

「一番館や二番館の仕事は、もちろん介護の仕事が中心です。でも、『ヨロシク♪まるだい』という場所は介護の現場ではありません。介護の現場ではないけれど、そこには地域社会との濃密な関わりがあります。一番館では感じることのできないものが『まるだい』にはある。境野さんは素晴らしい介護者です。だからこそ、さらに成長するために広い視野を身につけてほしい。そんな思いから彼女を『まるだい』の責任者にしたのです」

鷲尾さんはそう言った。もちろんこの鷲尾さんの思いを境野さんは知らない。鷲尾さんのその言葉を伝えると、境野さんはとても嬉しそうな表情を浮かべた。

人と人とがつながる場

　午前十時に開店する「ヨロシク♪まるだい」。やってくる人たちの楽しみはさまざまだ。ここでは定期的にフラダンス教室や太極拳教室などが開催されている。こうしたイベントを楽しみにくる人もいる。なかでも人気なのが「麻雀教室」だという。

　女性が多いこの場で、はたして麻雀教室などに来る人がどれだけいるだろうか。初めはそう思っていた。ところが始めてみると、それは大人気になった。「麻雀にはまってしまったのよ。ランチの後の麻雀が楽しみで通っているのよ」。九十歳を超えた常連の女性がそう言った。

　実はこの麻雀教室でルールなどを教えている男性もまた、初めはランチを食べにやってくる人だった。若いころから麻雀を楽しんでいたその男性にスタッフが「初心者に教えてくれませんか」と声をかけたのがきっかけで、今やここの「麻雀教室」には欠かせない「先生」となった。その男性にとっても、ここで生まれる絆は大切なものとなった。

　実は、男性は女性に比べてなかなか交流の機会を持つことが少ない傾向にある。どちらかというとひきこもっている人が多いのが男性だ。ところが、この「麻雀教室」を始めたことで、

女性に大人気の「太極拳教室」

男性の利用者が増えた。

こうしたイベントには、もちろん人数制限が設けられている。参加希望者は事前に電話やメールで予約を取らなくてはいけない。この予約の取り方にも、境野さんは神経を注いでいる。

「いつも参加の予約をする人が、突然予約を取らなくなることがあります。その理由を聞いてみると、予約の取り方を忘れたのだと言います。これまではできていたことが、徐々にできなくなったりする。それは認知症の始まりのサインだったりするのです。小さな変化に目を注いでいれば、早期に気づくことができます」

日常の行動を観察していて、少しの異変に気づいたときには、境野さんは家族と一緒に来るように仕向ける。

「ご家族と話がしたいなどと直接的に言うのではなく、今度は娘さんもランチに誘ってみてください。きっと娘さんも喜ぶと思いますよ。そんなふうに誘って、ご家族の人と話をする機会をつくるのです」

境野さんはデイサービスでの仕事経験がある。当然のことながら、認知症の高齢者をたくさん見てきた。もちろん医師のように治療ができるわけではないが、経験から生活のアドバイスはできる。どのように家族が接すれば良いかも熟知している。日々一緒に暮らしている家族だと、ほんの少しの変化には気づかないことが多い。その小さなサインを見逃し続けると、気がついたときにはかなり症状が進んでしまう。

「早い段階でご家族と話をして、場合によっては病院に行くことを勧めます。そこまでではなくても、デイサービスを勧めたりします。中にはデイサービスに行くのを嫌がる人もいますが、それはデイサービスの中身を知らないからだと思います。とても楽しい場であることを伝えることも私の役割だと思っています」

「ヨロシク♪まるだい」は介護を目的とした施設ではない。しかし、やってくる利用者は、やがて介護が必要になってくるであろう予備軍だ。そういう意味でもここは、みんなの居場所でもあると同時に、介護現場への架け橋となっている。

介護現場を経験した境野さんならではのアドバイスを紹介する。ご利用者の娘さんがやってきて、こんな相談をした。

「母親がデイサービスに行っているのですが、とにかく毎朝、出かけようとすると、準備していたカバンの中身を全部出してしまうのです。中身を確認したいのか、その理由はわかりませんが、とにかく中身をひっくり返してしまう。それをいちいち片づけるのに時間がかかってしょうがないんです」

毎朝自分のカバンの中身をぶちまけてしまう。かといって、カバンを隠せば、カバンはどこにいったと騒ぎ出す。認知症になると理由がわからない行動が現れてくるのだ。こんなケースを境野さんは多く目にしてきた。そこで、こうアドバイスをしたという。

「カバンを二つ用意しておいてください。一つはデイサービスに持っていく本当のカバンです。それは本人の目の届かないところに置いておくのです。そして、もう一つのカバンはダミーです。そのダミーをお母さんの手元に置いてください。お母さんはダミーのカバンの中身を出すでしょう。おそらく出すだけで満足しますから、それは放っておいて本当のカバンを持たせて送り出せばいいのです」

介護現場での経験がある境野さんならではのアドバイスだ。

鷲尾さんはこの「ヨロシク♪まるだい」をぐるーぷ藤のアンテナショップだと位置づけている。ぐるーぷ藤の活動をたくさんの人に知ってほしい。孤立している人たちを一人でも減らしたい。心地よい居場所を見つけることで、心が救われる人がたくさんいる。

「ヨロシク♪まるだい」の近くにある公園では、毎週水曜日の朝に体操が行われている。気候が良い時季には、地域に住むたくさんの高齢者が体操にやってくる。境野さんは水曜日の朝になると、「まるだい」のパンフレットを手に公園に行く。

「この近くにこんな場所がありますから、ぜひ一度いらしてみてください」

「まるだい」の存在を知らない人も多い。興味を持つ人もいれば、自分には関係ないと思っている人もいるだろう。しかし、その中の一人でも、「もしかしたら自分の居場所になるかもしれない」と思う人がいたとしたら、孤独を癒やせる場を探している人がいたとしたら、その人に声を届けたい。

「あなたは独りじゃありませんよ。ここに来れば、温かなつながりがありますよ」と。

子どもたちの居場所づくり

「ヨロシク♪まるだい」の活動が軌道に乗るにつれ、視察に訪れる人は後を絶たなかった。同じような施設は全国にもあるが、ここほど来所者が多い施設は類を見ないという。

「NPOが運営するこのような施設では、一カ月で百人も人が来れば成功だと言われています。『ヨロシク♪まるだい』では一カ月に千三百人が来てくれたこともありました。通常では考えられない数字なのです」

鷲尾さんは言う。もちろん、ただ単にランチが安くて美味しいということもある。だが、それだけが理由ではないだろう。「まるだい」には人を惹きつける温かさがある。ここは自分の居場所だと思わせてくれる雰囲気があるのかもしれない。

そんな「まるだい」の盛況ぶりを知った神奈川県の県民局長が、視察に見えた。

「居場所のない子どもたちのために、食事を提供する場をつくってもらえませんか。昼間は高齢者の集まる場として、そして、夕方からは子どもたちが集まれるような場をつくってもらえませんか」と。

神奈川県では前年、夏休みに悲しい事件が起きていた。両親が家にいない子どもたち、夕食さえもロクに食べさせてもらえない子どもたち、帰る場所のない子どもたちが自然と集まってくる。そして、そこで起きた子ども同士のトラブルによって、中学生の男の子が仲間から虐められて亡くなったという悲しい事件だ。もしも彼らに居場所があれば、学校がなくても、足を運べるような場所があれば、そして、そこに温かく迎えてくれる大人がいれば、きっと彼らは救われたに違いない。そんな子どもたちの居場所をつくってほしいと、県民局長が鷲尾さんに頼んだのだ。

鷲尾さんも、かねてから子どもたちの居場所づくりの大切さには気がついていた。しかし、そこまで手を広げるには予算的な問題もある、とも思っていた。そういう意味でもこの県民局長からの提案は、鷲尾さんにとって願ってもないものだった。神奈川県のモデル事業に認定されるので、食材費などにはすべて予算がつく。調理を担当するのはこれまでのようにぐるーぷ藤の有償ボランティアがいる。その計画はすぐさま実行に移された。

昼間のランチは三百円。子どもたちの食事は無料ではあるが、昼間と同じ予算では難しい。成長盛りの子どもであるから、昼間のランチメニューにもう一品、ボリュームのあるおかずをつけてあげたい。そこで、一食の材料費四百円という予算を取ることで、栄養を確保することができた。こうして、子ども食堂「こども♬まるだい」がスタートしたのである。

子ども食堂を開くのは月・水・金の週に三日。午後四時から午後九時までの運営とした。原則は小学校一年生から中学校三年生までだが、小学生の子どもに弟や妹がいれば連れてきてもかまわない。また、中学時代から通っている子どもが高校生になってもやってくることもある。

「ボランティア団体がやっている子ども食堂などは、せいぜい週に一度くらいの開催だと思います。補助金などがありませんから、それくらいが限界だと思います。でも、ここでは県が予算を取っていますから週に三度やれるわけです。こういう事業をもっと全国的に広めてくれればいいなと願っています」

ボランティア団体が主催する子ども食堂などは、親子で食べることができるところも多いが、ここはあくまでも子どもだけである。さまざまな事情で、夕食を独りで食べなくてはいけない子どもたち。家に帰っても誰も待っていてくれない子どもたち。そんな子どもたちの居場所にすることが一番の目的なのだ。

「ヨロシク♪まるだい」開店から三年目にできた子ども食堂「こども♬まるだい」。初めは神奈川県のモデル事業としてスタートし、その後藤沢市の事業として受け継がれている。藤沢市が快く受け継いでくれたのも、これまでのぐるーぷ藤の活動実績があればこそだ。いくら志あるＮＰＯであっても、やはり活動するには資金が必要だ。市や県の協力を仰ぎながら、地域の人たちをも巻き込んでいく。それこそが地域社会への貢献につながっていくのだ。

ぐるーぷ藤はこれまでに行政との信頼関係を築いてきた。両者の協力体制はすばらしいものとなっている。しかしそれでも、首をかしげることがあるという。

新型コロナウイルスが蔓延したとき、日本中に緊急事態宣言が発令された。これまで経験したことのない、目に見えない敵との闘いが続いていた。このとき、ぐるーぷ藤にも行政からいろいろな指示が降りてきた。

「コロナ禍に見舞われたとき、『ヨロシク♪まるだい』のランチ提供は中止しました。その代わりにお弁当をつくって、持って帰ってもらうという方法をとっていたのです。もちろん、それにしたがって子ども食堂でも同じようにお弁当を配ることを検討していたのですが、行政のある部署から、高齢者向けお弁当の配布は中止するように指示がありました。まあそれも仕方がないと思っていたら、今度は別の部署から、コロナ禍であるからこそ、子どもたちへの食事提供は止めないでほしい、との指示がありました」

同じ食事を提供するのに、高齢者はダメで子どもたちは推奨する。まさに日本の縦割り行政の象徴的な指示だ。

これは実情を無視したことではないか、と藤沢市の担当者に確認を取ったことがある。もちろん、市の担当者が答えられることではないが、せめてこの指示をおかしいと感じる人が増えることを願うばかりだ。

通ってくる子どもたち

子ども食堂の運営責任者は、「ヨロシク♪まるだい」と同じく境野さんが担当している。昼間には高齢者を迎え入れ、夕方からは「こども♬まるだい」として子どもたちと過ごす。なかなか切り替えが難しいだろう。

昼間に来る高齢者は、基本的には世話をすることはない。日常の変化に少しだけ気をつけていればいい。しかし、子どもたちは放っておくわけにはいかない。とくに、ここに来る子どもたちは、何らかの家庭の事情を抱えている。繊細な子どもの心を傷つけないようにしなくてはいけない。神経の使い方がまったく違うのだろう。

「初めて来たころには、『ただいま』も『いただきます』も言えない子どもがほとんどです。要するにそういう言葉を言う機会がないのです。家に帰っても誰もいなかったり、夕食を独りきりで食べたりする子どもが多いのです。だからまずは、挨拶から教えていきます」

ここに来たときには「ただいま」と言う。夕食は午後六時。できるだけみんなが揃って「いただきます」と言って食べ始める。家庭ではごく普通の風景。その経験をさせることが大事だと境野さんは言う。

この子ども食堂にやってくる子は、基本的には市役所の「子ども家庭課」の紹介だ。それぞれの家庭事情を鑑みて登録される。現在は三十二人の子どもたちが登録されている。中学生までという決まりがあるが、高校生になっても来たいと言う子どもを拒むことはしない。市役所の「子ども家庭課」とはつねに連絡を取り合っているのだが、すべての事情を共有しているわけではない。

あるとき、小学生の子どもが紹介されてやってきた。連れてきた父親は「この子はとても人見知りなので、人と話をすることが苦手なんです」と言った。たしかに初めのうちは、いくら話しかけても返事をしてくれなかった。目を合わせることもなく、ただ黙々と食事をするだけだ。境野さんの言葉に返事をするようになったのは、通い始めてから二カ月以上経ったころだったという。本当に人見知りする子どもだと思っていたのだが、それは単なる人見知りではなかった。

「いつもより来るのが遅くなった日がありました。どうしたのと聞くと、言葉の教室に行っていたと教えてくれました。言葉の教室というのは、少し言葉の遅い子どもたちが行くところです。とくに重い障がいではないけれど、初めからそのことを知っていたら、もっとできることがあったんじゃないかと思います」

しかし、こうした情報を市は教えてはくれない。個人情報に当たるからだ。もちろん、それは重要な個人情報ではあるけれど、もう少し共有したいと境野さんは思っている。

「専門的な知識があるわけではないので、科学的なケアはできません。しかし、彼らの特性を知っていれば、少なくとも周りの子どもたちとの関係に気を配ることはできると思います」

ある子どもは、小学三年生になっても時計を読むことができなかった。心配して市の担当者に報告したら、「今の時計はデジタルですからね」という答えが返ってきた。その子どもは、アナログ時計を見て時刻を知ることが苦手だった。

「ひとり親家庭の子もいれば、家に居場所のない子もいる。発達の遅れがある子もいる。でも考えてみれば、いろいろな子がいて当たり前なんです。一般的に言う『普通の家庭』『普通の子ども』、そんな子どもなんて実在しないのです。一人ひとりが違った環境の中にいて、それぞれが個性を持っています。ここは学校ではありませんから、一人ひとりの子どもの心に寄り添うことが可能だと思っています。そんな子ども食堂でありたいと思うのです」

ここにやってくる子どもたちに何をしてあげられるのか。どうすれば子どもたちの心に寄り添うことができるのか。境野さんは試行錯誤を繰り返している。そして、きっと行き着く答えは、高齢者も子どもも同じ。大切なのは目の前の人を思いやる気持ちなのだろう。

家庭と学校以外の第三の場

子ども食堂「こども♬まるだい」は責任者の境野さんをはじめとして、調理担当の人やボランティアの人たちによって支えられている。はっきりとした役割分担はない。調理が忙しくなれば境野さんも手伝うし、調理の人たちも子どもたちの話し相手になってくれる。役割を超えて、スタッフみんなで協力し合っているのだ。

ボランティアの中には、小学校の元校長先生という人もいる。先生を定年退職し「まるだい」にやってきた。元先生だという話を聞き、スタッフが子どもたちに勉強を教えてあげてほしいとお願いした。先生は快く引き受けてくれた。学校とはまた違う場での勉強。それは学校から取り残された子どもを救う場でもあった。

中学生の女の子がいる。小学校から不登校気味だったその子は、中学生になっても学校に通うことができなかった。詳しい事情は詮索しないが、できるだけ子ども食堂に顔を出すように誘っていた。

時々その子が境野さんに電話をかけてくる。「明日、先生は来る?」。そう聞いてくる。「来てくれるよ」と答えると、「じゃあ、明日行くね」と嬉しそうに答える。

「学校から出されたプリントを持ってここに来ます。食事の前に先生にたっぷりと勉強を教えてもらいます。先生の説明を一生懸命に聞く姿を見ていると、とても勉強が嫌いだとは思えません。でも、その子どもの中では何か学校に行きたくない理由がきっとあるのだと思います。学校は子どもたちにとって大切な場ではありますが、そこだけが居場所ではないことを伝えてあげたいと思うのです」

「こども♬まるだい」に行けば、美味しいご飯も食べられるし、勉強も教えてくれる。そこには友達もいるし、優しく見守ってくれる大人もいる。そんな安心感を求めて子どもたちはやっ

楽しそうに遊ぶ子どもたち

食事の時間は、大切な語らいの場でもある

てくるのだろう。

母親が仕事に行っているので「こども♬まるだい」に来る子どももいる。

「今は女性が仕事をするのも当たり前の時代です。フルタイムで仕事をしていれば、子どもの帰宅よりも遅くなることはあるでしょう。毎日の夕食を作ってあげられない母親もいると思います。家に帰っても母親がいない。それは特別な環境ではなくなってきました。母親が夕方にいないのが悪いとは言いません。大切なことは、『どうしていないのか』という理由だと思うのです」

学校から家に帰っても母親がいない。でも、母親は自分たちのために一生懸命に働いてくれている。自分勝手に遊び歩いているわけではない。「お母さんもがんばっているんだ」と、子どもが思えることで、子どもたちも寂しさに耐えることができるのだ。一生懸命に生きている母親や父親の姿を見せること。それこそが子育ての基本なのかもしれない。

ここの子ども食堂は、大人たちにもいろいろなことを教えてくれる場だ。

「寂しい思いを抱えている子どもたちを、すべて救うことなどできません。でも、せめてここに通ってくる子どもたちには小さな幸せの種を持って帰ってほしい」

境野さんはそう言う。

玉ねぎの大嫌いな子どもがいた。ハンバーグに入っている玉ねぎも絶対に食べようとはしない。そこで調理スタッフが、玉ねぎを混ぜたかき揚げを作って出した。その子は「美味しい」と言って喜んで食べた。「それ、玉ねぎが入っているんだよ」とスタッフが教えると、その子はびっくりした表情を浮かべた。そしてそれ以降、少しずつ食べられるようになった。境野さんが言う「小さな幸せの種」とはこういうことなのだと思う。

第3章

三番館への夢と介護の未来

三番館のニーズ

安心して最期のときを迎えることができる終の住処。その願いを叶えるためにつくったのが一番館だ。一番館は二〇〇七年に完成した。まさに主婦たちだけの力を結集して生まれた場所だ。

そして、一番館が完成してすぐ、ぐるーぷ藤の目は次なるニーズを捉えていた。一番館には医療と介護が整っているが、それだけに一時金もそれなりに高額になる。また、それほどの介護は必要ないが、独りで暮らすことへの不安を抱える人も多い。そういう高齢者が安心して暮らしていける場が求められている。そこで実現したのが「サ高住」としての二番館だった。

その二番館が完成してまたすぐに、新たなニーズを鷲尾さんは見据えていた。

「二番館に入居してくる人は、基本的には自立した生活のできる人です。しかし、高齢者ですから、必ずや入居者の中から認知症に罹る人が出てきます。それはある程度予測はしていました。とはいえ、軽い認知症ならばスタッフがケアできるのですが、重度になればもう二番館で暮らしていくことはできません。では、そういう人たちをどのようにケアしていくのか。認知症のグループホームへ移っていただくのか。そうではなく、できるだけ自分たちで看たい。三番館は二番館の入居者の受け皿として企画したのです」

鷲尾さんたちの活動は、つねに世の中のニーズから生まれている。当初から一番館の次は二番館、三番館という構想を持っていたわけではない。もしも一番館、二番館でニーズに十分応えることができていたら、三番館をつくる必要はない。しかし、そこにはたしかに三番館を求める人たちがいるのである。社会が求めているものをつくること。地域の人たちが望んでいる介護を提供すること。このコンセプトはぐるーぷ藤の三十年の歴史の中で変わることはない。

三番館は二番館の隣の土地に建設されることが決まっている。二番館の隣につくることで、大きなスケールメリットが生まれる。看護師はいつでも二つの施設を行き来することができる。たとえば、消耗品などの調達も二つの施設で行えば無駄が省けるだろう。さらには、一番館へも車で五分という立地であるから、スタッフもすぐに集まることができる。まるで初めから計画されていたかのような三番館といえるだろう。

二〇二三年には竣工されるであろう三番館だが、これまでにないこだわりを鷲尾さんは持っているという。

「この三番館では、ワンランク上の食事を提供したいと考えています。たとえば、自分の親をこのような施設に入れようとするとき、どうしても毎日の食事のことは気になるものです。もしも質素な食事しか出されていなければ、こんなところに親を入れたくないと思うのは当たり前のことです。まして高齢者にとって、日々の食事は何よりの楽しみです。日に三度の食事が美味しければ、それだけで豊かな気持ちになる。生きるための食事ではなく、楽しむための食事を提供しようと決めているのです」

「ワンランク上の食事」。これが三番館のコンセプトだという。しかし、それは単純に贅沢だけをめざしているわけではない。食事が美味しければ、食欲も喚起される。しっかりと一日三食摂るという習慣も身につく。そして、規則正しい食生活を身につけることで、きっと口内環境も良くなるはずだ。好きな食べ物が頭に浮かぶこと、食べたいものがしっかりと食べられることが、心も豊かにする元気の素なのだろう。

この三番館で一応は完結

「自分たちがやれる範囲は三番館まで」。一番館を建てたときから鷲尾さんはそう決めていた。たしかに新しいニーズは次々と生まれてくるだろう。社会環境はつねに変化を遂げているのだから、ニーズも必ず変化してくる。それらのニーズに応えようとすれば、延々とぐるーぷ藤の活動は膨張していくことになる。企業が規模を大きくするようになることと同じだ。しかし、鷲尾さんは規模を拡張することはいっさい考えていない。自分たちの力量で賄える規模。それが三番館までであるとかねてから考えていた。

「規模を拡張していくよりも、いかに今ある施設の質を高めていくか。私たちが考えているのはそのことです。それが鷲尾の伝えようとしている理念ですから」

理事長の佐藤さんは言う。

施設の質を高めるとは、言い換えれば、いかに心ある介護サービスを実践するかということだろう。たとえば、二番館にはコンシェルジュはいても、介護のスタッフはいない。「サ高住」であるからそれは当たり前だ。しかし、現実的には軽い認知症を発症する入居者もいる。そんなときには、同じ敷地内にある「藤の花」のスタッフがケアプランに基づき介護サービスを行う。「藤の花」は小規模多機能型居宅介護であるから、そこには専門の介護スタッフが常駐しているのだ。

佐藤さんはここに来る前、介護系の会社で働いていた。会社組織であるから、どうしても経営優先の考え方になってくる。「利益を生まないことには手を出さない」「自分に与えられた仕事以外はいっさいしない」。その当時のスタッフの間にはそんな考え方が広がっていった。

「でも、ここは違います。スタッフみんなが、ここは自分の居場所だと思っています。自分の居場所だから大切にする。居場所も大事にするし、スタッフ同士の思いやりも忘れない。スタッフの間に思いやる気持ちがなければ、いい介護などできないと思います」

一番館や二番館では、そこに働くスタッフが日々の清掃をやっているという。通常このような施設では、清掃はすべて業者に任せているものだ。もちろん、一年に一度はプロの業者に依頼するが、日ごろの清掃はすべてスタッフがやっている。「掃除は自分の仕事ではない」などと言うスタッフは一人もいない。

「ここのスタッフは、仕事にも一生懸命ですが、遊ぶこともまた大好きです。お祭りが好きです。築地のすし屋さんの若旦那に来てもらって、マグロの解体ショーをやったこともあります。高齢者の笑顔をつくるには、やはりスタッフが笑顔でいることが一番です。理事長としての私の役割は、毎日みんなの笑顔を確認することかもしれませんね」

三番館までで完結する――鷲尾さんが言った意味はここにある。自分たちの居場所を大切にする。自分に与えられた役割以外の仕事でもいとわない。そして、スタッフ同士が同じ理念を共有する。それができるのは三番館までが今のところは限界だと佐藤さんも考えている。規模を大きくすることで、一つのまとまりにほころびが生じるかもしれない。そこが自分たちの居場所であるという思い入れが薄れるかもしれない。そうなれば経営優先の営利企業と同じになってしまう。それはすなわち、ぐるーぷ藤の良さが消えていくということなのだ。

「ともかく今は、規模を大きくすることよりも、いかに介護のクオリティを上げていくかを考えています」

介護のクオリティを上げるとは具体的にはどういうことなのか。介護のスキルを高めていくことは当然重要だが、それだけではなく、ほんのちょっとした気遣いこそが大事だと佐藤さんは言う。

「徘徊する老人が問題になっていますよね。でも、たとえば誰か付き添いがいれば、それは徘徊にはなりませんよね。高齢者が一人で出歩くから徘徊になるわけで、そこにスタッフが一緒にいてあげればそれは散歩になるんです」

少し気になる高齢者がいたら、周りのスタッフがさり気なく気にかけているのだという。夕方にふらふら出かけようとする高齢者がいたら、「散歩に行きたいんですか？　じゃあ私が一緒に行きますね」と言葉をかける。こうした声かけによって徘徊は防ぐことができるという。

そして、こんな細やかな気遣いができるためには、やはりスタッフ同士の信頼がなければならない。何より、ここで働く喜びをみんなが感じていなければできない。スタッフの心の余裕と幸せ。それが介護のクオリティを高めているのだ。

やりたかった子育て支援

子育てを取り巻く環境は、昔とはまったく変わってきた。女性が社会で仕事をするのが当たり前の時代。出産した後も仕事を持つ女性はどんどん増えている。あるいはシングルで子育てをする女性も昔より増えている。

さらに言うと、とくに都市部では地域社会の結びつきが弱くなり、近所の人たちとの交流も減少してきた。出産直後の母親たちは、一人きりで育児をしなくてはならない。近所に知り合いもなく、子育ての悩みを相談できる人もいない。家の中で赤ん坊と二人きりになり、不安に包まれている母親たちがたくさんいる。そんな母親の支援をしたいと鷲尾さんはかねてから考えていた。

「実は、一番館を建てたときも、子育て支援の場をつくりたいと思っていました。近隣のお母さんが子どもを連れて遊びに来ることができる場。たくさんの絵本を置いて、自由に子どもに読んで聞かせる。子育ての悩みがあれば、子育て経験のあるスタッフがたくさんいますから、いつでも相談することができる。併設のレストランでご飯を食べて、元気になって帰ってもらう。そんな場をつくることが夢でした」

しかし、たまたまこの一番館に幼稚園（幼児施設どんぐり園）が入ることになり、鷲尾さんの子育て支援の場は次のステージに持ち越されることになった。

実は、こうした子育て支援には、ぐるーぷ藤としてはずっと関わってきた。

たとえば、介護などの対人援助をするには資格が必要になってくる。介護保険を使うわけだから、資格を有していないと介護はできない。しかし、たとえば子育てのちょっとした手伝いをするのに資格は必要がない。言ってみれば、それは知り合いの子育ての先輩が手伝うことと同じだからだ。

ところが、こうした資格の必要のない自費サービスは、補助が出ないためにどうしても高額になってくる。たとえば子育て支援にヘルパーを派遣すれば、一回で二千五百円ほどかかる。その金額はかなりの負担になる。そこで鷲尾さんは、一時間五百円、交通費負担なしという金額を設定した。たとえ一時間でも、子育てを手伝ってくれる人がいれば、母親にとってはとても助かる。しかもワンコインという金額であれば気軽に捻出することができるだろう。もちろん、これではぐるーぷ藤としては赤字になるが、それを承知で子育て支援を行ってきた。

「この子育て支援に関しては赤字でもいいと考えています。あくまでも地域社会への貢献の一環なのです。それにね、赤ちゃんのお世話の依頼が入ると、スタッフは我先にと行きたがるのです。赤ちゃんのお世話を手伝いながら、お母さんの愚痴を聞いたり、相談に乗ったりする。それは地域社会への恩返しだと思っています」

それまでは半ばボランティアとして子育て支援を考えていたが、やはりそれではニーズに応えることはできない。なんとかしてこの子育て支援の仕組みを活動の一環として具現化させなければならない。そこで、鷲尾さんは二番館を建てるときに、子どもを預かることができるような仕組みをつくろうと考えた。

「一番館や二番館ではスタッフが夜勤をすることもあります。でも仮に、シングルで子育てをしていたり、あるいは家族の協力が得られなければ、本人が希望しても夜勤はできません。そこで、まずは夜勤のスタッフのために子どもが泊まれるような仕組みをつくろうと考えたのです」

夜にスタッフの子どもを預かる部屋をつくる。それは容易(たやす)いことだと鷲尾さんは思っていた。しかし、実際には大きな壁が立ちはだかることになった。

もし子どもを預かる設備をつくろうとしたら、子どもを寝かせる部屋には必ずお風呂とキッチンを設置しなければならない。施設内には共同の風呂やキッチンはあるが、それらを共有してはいけないということが法律で決まっていたのである。

「子どもを一人預かるだけなのに、わざわざそのためだけに部屋にお風呂とキッチンを設置しなくてはならない。まったく不合理な法律だと思いました」

鷲尾さんはその不合理さを藤沢市にぶつけた。「どう考えても現実的な法律ではないと思う」と。藤沢市の担当者も精一杯理解を示し、なんとかお風呂は共同でもＯＫだという返事はもらうことができた。しかし、キッチンの件はどうしようもないという。つまり、たとえスタッフの子どもを一人預かるだけだとしても、それは「旅館法」の範囲になってくる。誰かを寝泊まりさせるわけだから、そこは明確な法律で縛られることになる。

法律の壁。それはさまざまな場で現れる。当然のことながら、もちろん法律を破るわけにはいかない。結局、二番館で子どもを預かる設備を整えることは断念した。

それでも鷲尾さんは諦めなかった。かねてから応援していた地元の衆議院議員がいた。人間的にも信頼していたその女性議員に鷲尾さんは訴えた。鷲尾さんの思いを議員はしっかりと受け止めた。すぐに国会に挙げて、「母子保健法」の一部を改正する法改正が行われた。その法改正は二〇二二年四月から施行された。子どもを預かる部屋にお風呂やキッチンを設置しなくても構わないようになったのである。そして、この法改正が行われると同時に、そうした子育て支援に対して補助が出るようにもなった。

「設備が整えば、宿泊料金はおそらく一泊一万円を超えてくるでしょう。それでは高すぎて利用できません。でも、市が九十パーセントを負担して、自己負担が十パーセントになれば一泊千円ほどで済みます。そうなれば利用しやすくなるでしょう。もちろん、スタッフばかりでなく、近隣のお母さんも気楽に利用できます。一晩ゆっくり寝たいという理由でもかまいません。ここに一泊することで少し元気になってくれればそれでいいんです。心や体が疲れたときに休める場をつくろうと思っています」

実家のような居心地で子育て支援をする三番館の「産後ケアセンター」は、その後、藤沢市から提示された考え方が、ぐるーぷ藤の意向とは全くかけ離れていたため断念せざるを得なくなった。それに代わる子育て支援として、新たな居場所を構想している。

心を病んだ人たちのケア

一番館の二階には、障がい者が入居するグループホームがある。ここは主に精神的な病のある人たちが入居している。どうして一番館に精神障がい者のための施設をつくったのか。そのきっかけはぐるーぷ藤のスタッフだった。

長年ともに働く仲間の中に、一人で悩みを抱えているスタッフがいた。家族が精神疾患を患っており、そのケアを一人で抱えていた。精神疾患の難しいところは、どうしても身内にそういう人間がいることを隠そうとすることだ。精神科に通っていることが周囲に知られてしまうと、もしかしたら白い眼で見られるかもしれない。自分の人間関係も壊れてしまうかもしれない。そんな恐怖心から、誰にも相談することができないままに苦しんでいた。

そのスタッフの心は壊れかけていた。そして耐え切れなくなって、鷲尾さんに身内のことを相談した。このとき、鷲尾さんは頭をハンマーで殴られたような感覚を覚えたと言う。

「こんな近くに一人で苦しんでいる人がいる。誰にも相談できずに悩みと闘っている人がいる。精神疾患を患う人が増えていることは知っていましたが、まだまだ自分の認識が足りなかったことを思い知らされました。精神疾患を抱えている人たちのケアはほんとうに遅れている。そのことに気づかされたのです」

ストレスフルな社会の中で、心が壊れる人はどんどん増えている。ごく普通に生活していた人でも、あるとき突然精神疾患を患うことも十分に考えられるだろう。今や精神疾患は特別な病ではなく、誰にでも起こり得る病であることを知っておかなくてはいけない。それでも一番館の中に精神障がいの人たちを入居させることを知った近隣の人たちは、不安を隠せなかった。「そんな人たちを入居させてほんとうに大丈夫なのか」と。住民説明会で鷲尾さんは言った。

「ほんとうに怖いのは、一日中部屋の中に閉じこもり、社会から孤立している人たちです。誰にも会うことなく孤独感に苛まれている人たち。そんな状態が続くことで病気はますます重症になっていきます。ここには二十四時間スタッフがいます。つねに誰かが彼らのことを見守っています。少しでも変化があればすぐにケアをしてあげられる。これほど安心なことはありません」

精神疾患を患っている人のケアで、いちばん重要なのは見守ることだ。いつも誰かの目があることで、安心して暮らせる。彼らを閉じこもらせてはいけない。そして、特別な目で見たり

施設のロビー。人と接する機会は積極的に提供している

せずに、普通の人たちと同じように接してあげる。そうすることで彼らの心もまた落ち着いてくる。医療的には投薬の管理をしっかりしてあげれば、問題は起こらない。

二十代から六十代の精神・知的障がいのある方が、穏やかな家族のように暮らす、ぐるーぷ藤のグループホームでは、安心して社会性のある毎日が過ごせることが、何より大切である。少々のことには動じないスタッフの振る舞いに見守られることで、精神に障がいのある人たちも安心してここでは暮らしている。

一番館では月に一度、精神障がい者の入居者と共に外食に行く。社会との接点を失わせてはいけない。一番館だけに閉じこもるのではなく、時には街に出かけていくのも大切なことだ。比較的店の空いている早めの時間に夕食を食べに出かける。

「ボランティアすみれ」というボランティア団体がある。そこのスタッフに手伝ってもらって、月に一度の外食に出かけていく。これは一番館のスタッフだけではなかなか難しいことである。たとえば、十人ほどの障がい者とともに出向くために、やはり不測の事態に備えて、ある程度の付き添いをつけている。周りに目が行き届いてさえいれば、何ら心配することはないという。

「私の孫はよく一番館に遊びに来ていましたから、自然に精神障がい者の人たちとの交流も生まれます。小学生の孫にとっては、彼らはけっして特別な存在ではありません。月に一度の外食の日に、たまたま孫が街中で知り合いの障がい者の人に会いました。そのことを孫は私に、『今日ね、○○おじさんが手を振ってくれたよ』と嬉しそうに報告してくれました。こんな温かな空気が社会の中で生まれれば、きっと彼らも生きやすくなると思います」

精神障がい者の数が増えるにつれて、国の制度設計も徐々に追いついてきた。今では「障害者相談支援事業」という制度も七年前から運用されている。これは高齢者介護のケアマネジャーのようなもので、自宅にひきこもっているような人たちを訪問し、孤立させない仕組みとなっている。鷲尾さんが言うように、精神障がい者は、増えこそすれ減ることはないだろう。そういう人たちをどのようにして社会がケアしていくのか。もちろん、制度設計は必要なことであるが、それと同じくらい重要なことがある。それは、いかにして障がい者への偏見をなくしていくかということだろう。

精神障がい者を家族に持つ人がいる。そのことを一緒に働く仲間にも打ち明けることができない。その苦しみを一人で抱えている。そんな悲しい社会であってはならない。傍にいる人の苦しみに気づけるような社会にしなくてはいけない。苦しんでいる人たちを孤立させてはいけない。まさにそれこそがぐるーぷ藤が伝えてきた理念なのだろう。

志と心意気

現在のぐるーぷ藤はＮＰＯ法人として活動している。「ワーカーズ・コレクティブ」から「ぐるーぷ藤」へと移るとき、実はいくつかの選択肢があったという。一つは「株式会社」にするという方法。二つ目は「社会福祉法人」にするという方法。そして、もう一つがＮＰＯとして活動するという三つの選択肢である。

鷲尾さんはNPOという形に拘っていた。株式会社や社会福祉法人を否定するわけではない。しかし、それまでの経験から、NPOとしての活動が、一番手足を縛られないことを知っていた。株式会社にすれば、どうしても経営が中心の発想になってくるだろう。社会福祉法人にすれば、やはり国や行政が何かと関与してくる。自分たちの思いに沿って活動したい。行政などに手足を縛られたくない。自分たちは利益を追求するためにぐるーぷ藤を立ち上げたのではない。地域社会のために何ができるかを考え抜いたうえでの活動なのである。

「志と心意気」。NPOにもっとも必要なものがこれだと鷲尾さんは言う。

「全国にはたくさんのNPO法人があります。私たちよりもっと大きな事業をしているNPOもたくさんあります。しかし、よく見てみると、ほとんどのNPOは親族が後を継いでいるのです。ここでは親族に優先的に後を継がせることは絶対にしません。後を継いでいくのは同じ志を持っている人。理念をしっかりと共有できている人なのです」

親族が後を継ぐことがすべて悪いということではない。しかし、そもそもNPOというのは利益追求団体ではない。そこに組織の上下関係があったり、あるいは権力が一カ所に集中したりしてはいけない。あくまでもみんなが一緒になって考え行動していく場。鷲尾さんは立ち上げたときからその信念を貫いている。

ぐるーぷ藤の初代の理事長は鷲尾さんではなかった。鷲尾さんが中心となって立ち上げた組織であり、周囲から推す声が大半を占めていたにもかかわらず、である。

「私が理事長になったら、それこそぐるーぷ藤はぐるーぷ鷲尾になってしまう。それは私たちがめざすNPOではないと思う」

たしかにぐるーぷ藤は鷲尾さんを中心に回っている。自身もそのことを自覚していた。その求心力があってこそのNPOと言っても過言ではないだろう。

組織には求心力を持つ人間が必要だ。しかし、その求心力が長く続くことで、求心力は形を変えて権力の様相を呈してくる。株式会社ならまだしも、それはNPOとしての姿にそぐわない。まして、もしもその権力が親族によって受け継がれれば、そこはもう「みんなのNPO」ではなくなってしまう。そうなることを鷲尾さんは一番恐れていたのだろう。

初代の理事長職を土屋律子さんに託し、自身は事務局長に就任した。ちなみに初代理事長を務めた土屋さんは、齢(よわい)八十を過ぎた今も、一番館で土曜日スタッフとして元気に仕事をしている。

「みんなで考えて、みんなでつくっていく。それができるからNPOが大好きなんです。同じ志を持っている仲間が集まって、同じ心意気で社会に貢献したい。私が後に託すものは理事長の椅子などではなくて、志と理念なのです」

鷲尾さんが理事長を務めたのは三代目と六代目だった。この六代目のときに一番館をつくった。この大事業はおそらく、鷲尾理事長の下でしか実現できなかっただろう。そして、二番館の完成を見て、七代目理事長へとバトンを渡した。鷲尾さんからバトンを渡された佐藤理事長も、つねに未来のぐるーぷ藤を見据えている。

「理念研修というものを一年に一度いくつかのグループに分けて行っています。私たち昔からいるスタッフは設立時の理念をしっかりと理解できていますが、年々スタッフは新しくなっていきます。どうすれば志と理念をつないでいくことができるのか。理事長としてやるべきことは何か。いつもそれを模索しています」

理念研修などと言えば、少し難しい気もするが、それは頭で考えることではないと佐藤さんは言う。理屈だけで志や理念を共有することではなく、心と身体でそれを共有する。つまりは、いかにスタッフ同士の信頼関係を築くかが大事だと佐藤さんは考えている。

お互いを思いやる気持ち。悩んでいるスタッフを見かければ声をかけてあげる。子育てに困っている姿を見かければ、そっと手を差し伸べてあげる。そんな日々の小さな思いやりのなかで、理念は受け継がれていくと考えているのだ。

日々の活動のなかでお互いに思いを共有していく。みんなで考えて答えを見つけていく。それがぐるーぷ藤の特色をつくり出している。とにかくここでは、何か新しいことをやるたびに「委員会」を立ち上げる。「三十周年記念事業」についても「三十周年記念事業委員会」が立ち上げられた。この三十周年の実行委員長の役割は、いかにしてみんなの意見を聞き出し、それをまとめていくかだ。委員長という名の下で、自分自身がさまざまなことを決定していく。それは強いリーダーシップにも見えるが、実は難しいことではない。ほんとうに難しいのは、みんなの意見を引き出すということだ。そして、この難しい作業を、これまで鷲尾さんは実践してきたのだと思う。

一つの答えを導き出す。その答えが正解だったのか間違いだったのか。大切なのはその結果ではない。その結果を導き出したプロセスにこそ意味がある。誰か一人が出した正解よりも、みんなで考え抜いて出した答えのほうが、たとえそれが間違いだったとしても意味がある。もしかしてＮＰＯの本質は、そんなところに隠されているのかもしれない。

介護保険制度の問題点

国の介護保険制度が開始されたのは二〇〇〇年。それ以前からぐるーぷ藤はさまざまな支援活動を行っていたが、やはりこの介護保険制度が開始されたことは大きかった。介護保険が適用されることにより、収入が増えてくる。それによってスタッフの給与を保障することもできる。鷲尾さんはこの活動を始めたときから「最低賃金」に拘っていた。困っている人たちを助けるのは当たり前のことだが、それはボランティア精神だけではけっして続かない。自分が行ったことに対して適正な報酬をもらうのは当然のことだ。スタッフの心が満たされないで、良い介護などできるはずもない。鷲尾さんのこうした理念を介護保険制度が後押ししてくれた。

「介護保険が始まったことで、いわゆる運営費を賄えるようになりました。もちろん、スタッフの給与も上げることができるようになった。それに、何よりも利用者の負担が減りました。でも、この制度が始まってからまだ二十年と少し。制度設計としてはまだまだ未熟なところがあります」

介護保険制度には、現実にそぐわない問題点がいくつもあるという。

「たとえば、介護保険サービス利用者のために、部屋の掃除をするとします。その人が住んでいる部屋を掃除する場合は介護保険が適用されます。しかし、部屋についているベランダの掃除に保険は適用されません。もしも利用者がベランダの掃除を頼むとしたら、それは実費負担ということになるのです」

これと似たようなケースは他にもある。たとえば、夫婦が暮らす家に訪問介護に行く。介護の対象となるのは妻だ。夫は元気なので介護を必要としない。こうした場合に、妻の世話には介護保険が適用されるが、夫の世話はできないというのが原則だ。

もしもこの原則通りにしようとすれば、妻の夕食を準備することはできるが、夫の食事をつくることはできない。妻の魚を焼くことはできても、夫の魚を焼くことはできない。あるいは、妻の衣類は洗濯できるが、夫の分は洗濯できない。いったいどうすればいいのか。洗濯機の中から、夫の衣類だけを取り出せばいいのか。なんとも現実的ではない規則が存在しているのだ。

そこで、ぐるーぷ藤は設立当初からの「助け合いサービス」をプラスして解決した。

「介護保険適用外のちょっとしたサービスができるようなシステムです。これは一時間千八百円という料金設定です。さらに、一時間を十五分単位で分割利用できるようにしています。三十分の手伝いならば九百円。十五分の手伝いなら四百五十円です」

たとえば、先に記した洗濯の依頼があったとする。妻の洗濯は介護保険で賄うことができる。それに夫の洗濯も一緒に済ませようとするとき、夫の洗濯にかかる時間の十五分だけを自費で支払ってもらう。これくらいの金額であれば利用者も使いやすいだろう。実際に夕食を一人分つくろうが二人分つくろうが、それほど時間は変わらないだろう。厳密に分けることなどできない。しかし、それを厳密に分けるということを保険では求められるのだ。

「まったく非現実的な制度だと思います。しかし、別の視点から見れば、それも仕方のないことだとも思うのです。保険適用の範囲を曖昧にしておけば、その曖昧さに乗じて不正請求なども起こりかねません。あるいは利用者の平等性を担保することも難しくなってきます。国が行う線引きも、ある程度は仕方のないことなんです」

介護保険制度が開始された二〇〇〇年の段階では、厚労省もこの制度に対しての理想を持っていたと鷲尾さんは言う。この制度が立ち上がることで、すべての高齢者が十分な介護を受けることができると。しかし、二十年後の今、従来の制度設計では立ち行かなくなっていることは明白だ。

「平均寿命は年々延びています。さらにはここ二、三年で『団塊の世代』が一気に後期高齢者に入ってきます。その一方で、高齢者を支える若者の数は減少している。介護に使うお金はけっして潤沢ではなくなってくるのです」

「持続可能な介護保険サービス」。これが最近になって厚労省が打ち出してきた方向性だ。介護保険制度を持続させるために、できるかぎり効率的なサービスに変えていく。たとえば家事援助などは、昔は二時間程度の設定にしていたが、今では四十五分で済ませなくてはいけない。現場には効率性が求められ、利用する側もすべてを任せるという発想を変えていかなくてはいけない。

「たしかに、今の介護保険は使い勝手が悪い部分もあります。さらに、保険適用の基準も以前よりは厳しくなっています。でも、介護保険の出所は公費、つまりは税金です。大切な税金を使うわけですから、やはり的確な使い方をするのは当然なのです」

介護にかかる費用は増える一方だろう。しかし、その原資が増えていく見込みは少ない。介護事業者もまたそれを利用する側も、そのことを意識しておかなくてはいけない。

とはいえ、この制度が始まったのをきっかけに、介護事業に参入しやすくなったことも事実だ。介護事業を展開する株式会社も一気に増加した。これはつまり、介護保険ができたことをきっかけとして、介護が「儲かるビジネス」になったのである。メディアなどでも立派な施設が紹介されるようになった。こうした介護施設が増えていくのは良いことではあるが、増えすぎることで淘汰されるのもまた世の常である。

経営が立ち行かなくなる事業者もある。知らないうちに経営者が代わってしまうこともある。最初の契約を反故にされるというケースもある。せっかく入居したのに、経営悪化のために施設を追い出される場合も考えられる。しかし、そのリスクを前もって予測することは難しいだろう。

持続可能な介護保険制度。それは国民一人ひとりが考えなくてはいけないテーマだ。なぜなら、ほとんどの人が、やがてこの制度を使う日がやってくるからだ。

北欧モデルに学ぶ

二十年ほど前から、ぐるーぷ藤は、幹部をスウェーデンやデンマークなどへ研修に送り出し、北欧の介護環境を学ぶ機会としてきた。そのころから北欧は介護の先端を走っており、介護の世界では「北欧モデル」として認知されていた。もちろん、北欧と日本では生活環境なども違っている。たとえば、施設の部屋の広さ一つとっても、日本では叶わないような広さが確保されている。国の制度設計も違うし、とても同じような介護環境をつくることはできない。それでも「北欧モデル」から学ぶことは多かったと鷲尾さんは言う。

「たとえば、スイスを訪れたとき、一番驚いたのが介護施設の色です。四階建てのその施設では、一階から四階まで全部色が違うのです。ドアも手すりも階段も、すべて違うように設えてある。その理由は、認知症の高齢者でも何階かすぐにわかるように、との配慮からです。そして、色遣いにしても、ほんとうにポップで綺麗な色で塗られている。まるで遊園地にいるような楽しい気分にさせてくれるのです」

近年では、日本にある施設でも、階ごとに色分けする建物はよく見られるようになった。その目的は北欧と同じだ。しかし、決定的に違うのはその色遣いだと鷲尾さんは言う。

「どうして日本は地味な色遣いが多いのでしょうか。灰色や臙脂色、よくて深緑。どうしても無難な色遣いになってしまいます。外観を派手にすればいいというわけではありませんが、もっと楽しくなるような色遣いができればいいと思います」

たかだか色と思う人もいるだろうが、色彩が人間の心理に与える影響は思ったよりも大きい。そのことに気づいたのが、二〇〇六年にスウェーデンで開催された「色彩と建築」という研修会に参加したときだったという。そして、この研修会を主催していたのが、カラーサイコセラピストの木村千尋さんだった。カラーサイコセラピストというのは、色彩が人間の心理にどのような影響を及ぼすかを研究する職業だ。ちょうどこの時期、一番館の建設が進もうとしていた。そこで、鷲尾さんは一番館のカラーコーディネートを木村さんに依頼した。

「たとえばトイレの壁紙には、腸の蠕動運動を促す効果があるといわれる黄色が入った模様が使われています。精神障がい者が生活する二階の壁は、気分が落ち着くとされるグリーンで統一されています。模様のある壁は、精神を患っている人に対し幻覚を呼び起こす危険もあるからです。そして、事務所の机は集中力が高まるグレーで統一されています」

施設の外観や内装に至るまで、その色遣いにはすべて理由がある。ここまで色遣いに気を使っている施設は少ないのではないか。どのような色彩にするか。それを決める際には、どうしても「見た目の格好よさ」や「無難さ」に左右されてしまうだろう。通常のマンションであればそれでいい。しかし、介護施設であることの意味を考えれば、そこには介護施設ならではの色遣いがあってもいい。

「一番館と二番館のカラーコーディネートはプロに任せました。でも、三番館は自分たちでやってみようと思っています。これまで学んできたことを活かし、スタッフみんなで意見を出し

（上、中、下とも）海外研修で訪れたヨーロッパの介護施設

合いながら決めていこうと思っています。三番館は小さなお子さんも利用できるようになります。子どもたちの心が楽しくなるような色彩にしたいと考えています」

研修のために北欧を訪れているのは鷲尾さんだけではない。ぐるーぷ藤には研修制度が設けられている。基本的には、常勤者で将来的にリーダーとしてやっていくスタッフ。いくつかの条件をクリアしたスタッフを海外に行かせている。

「私だけが海外研修に行って、学んできたことをスタッフに伝えれば済むのかもしれませんが、それではまったく足りません。頭で考えるのではなく、心と肌で感じ取ること。自分の目で見て、自身で経験しなければ見つけることができないものがたくさんあるんです」

できる限りのスタッフに北欧モデルを見せたいと思うが、すべてのスタッフを送り込むことはできない。誰を派遣するか。ぐるーぷ藤では、基準をつくりそれに則って決定している。

「海外に行く際には、かかる費用の最低限ほどは出しますが、残りの費用は自費ということにしています。全額補助というのは、やはり、行けない人にしてみれば不公平感が出てくるでしょう。なかには自費は出せないからと研修を断るスタッフもいますが、それは本人が決めることだと思っています」

北欧モデルこそが理想だとは鷲尾さんも考えてはいないが、北欧で実践されている介護には、やはり見習うべきところがあるという。たしかに、国の環境や制度設計は異なるところがあるだろう。しかし、高齢者を思いやる気持ちはどの国でも同じだ。そして、おじいさんおばあさんの優しい眼差しは世界共通のものだ。

鷲尾さんたちが北欧に通うようになってから二十年になる。北欧の良さを学び吸収しながら、ぐるーぷ藤はまっすぐに介護と向き合ってきた。ここが「日本モデル」と呼ばれる日がいつか来るだろう。

その人のために何ができるのだろう

事務局長を務める酒井さんが、ぐるーぷ藤の仕事を始めてから二十年が過ぎた。介護保険開始前のホームヘルパーから始まり、その後小規模多機能型居宅介護「しがらきの湯」の管理者となり、現在は事務全般を仕切っている。いわば介護のプロフェッショナルだ。

しかし、酒井さんは、つねに心の中で自問自答を繰り返していると言う。

「私たちは、その人のために何ができるかをいつも考えながら行動しています。それは介護者としては当然のことです。でも、難しいのは、いったい何がその人のためになるのかがわからないこと。そこに明確な答えはありません」

介護する側は、それがその人のためになると信じてさまざまなケアをする。たとえば、身体が固くなった高齢者には柔軟体操を勧める。足の筋肉が衰えないようにと、励ましの言葉をかけ、運動ができるように促す。どれもがその人のためを思ってやっていることだ。

しかし、もしも高齢者本人が、柔軟体操をさせられることに苦痛を感じていたとしたら。もう無理をしてまで歩きたくない、このままベッドでじっとして過ごしたいと望んでいたら。柔軟体操や運動をさせることはその人のためになっているとは言えないかもしれない。介護者が良かれと思っていることが、高齢者にとっては苦痛になっている。あるいはそんなことなど望んでいないとしたら、いったい介護の意味とはどこにあるのだろう。酒井さんはつねに心の中で葛藤をしている。

「ニーズが生まれてきたところを拾って動くこと。それがぐるーぷ藤のやるべきことです。大きな社会のニーズは、みんなで話し合いながら共有することができるものです。でも、個人個人のニーズはそれこそ人それぞれです。十人の高齢者がいれば十通りのニーズがそこには生まれます。それを拾っていくことは実はとても難しいものだと感じています。望むことをはっきりと言える高齢者ならばいいのですが、遠慮する気持ちからか、ほんとうの気持ちを話してくれない人もいます。そういう人たちの心に寄り添わなくてはいけない。わかってはいるのですが、二十年やっていてもなかなか見えてこないものです」

個々人のニーズを見極めること。それはほんとうに難しいことだろうか。何をしてほしいのか、どんなことを望んでいるのだろうか、それすら聞けないのであれば、自身の両親の声さえも聞いてあげることは難しいだろう。

ぐるーぷ藤が発刊している「花どけい」という広報誌がある。そのなかに、理事長の佐藤さんが次のような文章を寄せている。

「お正月に実家に帰省したときのことです。一人暮らしの母に『いざというときには娘や孫が傍にいていいね』と話しかけると、その答えは『そりゃそうだけど、お母さんがいてほしいと思っているのは、毎日のちょっとしたことを手伝ってくれる人なのよ』とのこと。『ちょっとしたことって何？』と尋ねると『二階の雨戸の開け閉めでしょ、夜の戸締りの確認、携帯の使い方を使いたいときに教えてくれる人、二階のベランダに布団を干してくれる人、押し入れに風を入れてくれる人、季節に合った食器に入れ替えてくれる人、等々』と出るわ出るわ」

そのときは聞き流した佐藤さんだったが、後でもう一度母親の言葉を思い出したという。母の口から飛び出してくる「ちょっとした困り事」。娘としてはいちいち気にはしないけれど、もしかしたらその「ちょっとした困り事」の中にこそ、その人が本当に望んでいるものが隠れているのかもしれない。そして、この「困り事」の変化に気を配ることこそが大事なことなのではないか。佐藤さんはふとそう考えた。

たとえば、十年前の「困り事」と今の「困り事」ではおそらくは変わっているだろう。十年前には自分でできたことが、今では誰かの力を借りなければできなくなっている。「困り事」の質が変わり、日に日に「困り事」が増えていく。それが老いていくということなのだ。

一ヵ月前にできたことが、最近では難しくなってくる。ということは、一ヵ月前にその人が望むことと、今その人がしてほしいことは変わってきているということだ。その些細な変化に気づいてあげること。その人が変化するとともに、介護者のケアも変化していかなくてはならない。そういう意味で、介護者に求められるのは、細やかな観察力と豊かな想像力なのだと思う。

佐藤さんにしても酒井さんにしても、お話を伺っていると、二人ともすばらしい観察力と想像力を身につけていることがわかる。その介護のプロフェッショナルであっても、一人の人の心に正確に寄り添うことは難しい。経験を積むことで介護力はついてくる。しかしその一方で、経験を積めば積むほどわからなくなってくることもある。それほどまでに介護の世界は深いものなのだと感じる。

介護の現場に男性は進出できるか

現在理事長を務める佐藤さんは、学校を卒業してからずっと福祉の世界で仕事をしてきた。まだまだ制度が整備されていなかった時代、時間的な拘束も長く、不規則な生活を彼女は余儀なくされた。自分の子どもたちに、毎日夕食をつくることなどできない。洗濯や掃除も家族の手を借りながらこなす毎日だったという。それでも夫と二人の息子の協力を得ながら仕事を続けてきた。

「うちの家庭にはお手伝いという言葉はないんです。洗濯も掃除もご飯の準備も、早く帰宅した人がやると決まっていました。二人の息子も、小さいころから夕食の準備をしてくれていました。一回夕食をつくってくれたら五十円の小遣いをあげます。夏休みなどは毎日夕食を作ってくれましたから、高校生くらいになると結構な小遣いになって喜んでいたものです。そんな生活をしていたおかげで、二人とも家事は得意で、自立した大人になりましたね」

母親が働く姿を見ながら育った子どもは、自然に母親を助けようという気持ちが生まれてくる。忙しい母親を助ける、母親が困っているときには自らが手伝う。そんな習慣は、きっとその後の社会の中でも役に立つものだろう。

その後、佐藤さんの長男は会社員になったが、次男は看護師になったという。

「母親が介護などの仕事をしていると、どうしても子どもは影響されることがあります。母親が一生懸命に介護をする姿を見て、自分も将来は介護の仕事をやりたい。そう思ってくれるのは母親としては嬉しいことですが、ほとんどの親はその気持ちを素直に受け入れることが難しいです。とくに男の子の場合は、やはり介護の世界には進ませたくないと思ってしまう。この世界の給与は世間の標準よりも相当に安く、一家を養っていくことは難しいからです」

自分の息子から介護士になりたいと言われれば、ほとんどの母親は看護師やリハビリの専門職を勧めるという。介護士という職業をけっして軽んじているわけではない。みんなこの仕事に誇りを持って従事している。しかし、給料のことを考えると、ぜひとも頑張りなさいとは言えない現実もあったのである。

高齢化社会が進むなか、確実に介護職は足りなくなってくる。いや、すでにどの介護施設でも人手不足は深刻化している。海外からの働き手を入れようとする動きもある。そういう時代を見据えて、政府は介護職全般の給与水準を上げるという政策を決定した。介護職や看護師の給与を上げると決めた。

「月に一万円弱のアップをするといいます。それはいいことではありますが、それでも他業種と比べるとまだまだ安い。そんな金額では自立は難しいと思います」

佐藤さんは言う。そしてもう一つ、男性の介護士がなかなか増えない理由があるのだと言う。

「私は基本的には同性介護ができたらいいなと考えています。男性の高齢者は男性が介護をして、女性の高齢者は女性が介護する。それが良いと考えているのですが、現実的にはそれが難しいのです」

たとえば、女性の高齢者のオムツを男性介護士が交換する。それは女性が絶対に嫌がるし、現実的にそんなことはしない。女性のオムツは女性が交換する。これが基本だ。では、男性はどうか。男性のオムツを男性介護士が交換する。それが自然なようにも思えるが、実際には男性は男性にオムツ交換されることをとても嫌がるのだという。女性に換えてもらうのは構わないけれど、男性には換えてほしくない。佐藤さんはその気持ちを理解できないと不思議がるが、男性にしてみればその気持ちはよく理解できる。やはり男性も女性も、どこかで母性の優しさのようなものを求めているのではないだろうか。

　こうしたいくつかの要因があり、介護の現場には男性が進出していない。今の社会、どんな職場においても男女の差など基本的にない。男女関係なく、ともに力を合わせて仕事をしている。もちろん、介護の世界でも、男性職員を拒んでいるわけではない。女性に限定しているわけでもない。にもかかわらず、介護の世界で働いているのは圧倒的に女性だ。このままで良いのか、あるいは男性職員を増やしていったほうが良いのか、その答えは一朝一夕には出ないだろう。これからつくられる介護の歴史みたいなものが答えを教えてくれるのかもしれない。

「介護の現場は力仕事が多いですから、やはり男性がいたほうが良いと思いますか？」。そんな質問をすると、佐藤さんはにっこりと笑って答えた。

「毎日の仕事で鍛えられていますから、ここにいる女性スタッフはみんな力持ちですよ」。とても逞(たくま)しい答えが返ってきた。

めざす社会

「社会のニーズに応える活動」。それが鷲尾さんたちぐるーぷ藤がめざすものだ。社会はつねに移り変わっている。社会の変化とともに、新しいニーズが次々と生まれてくる。みんなが何を望んでいるのか。いつもそこに思いを馳せながら活動していくことだ。

たとえば、子育てを取り巻く環境が大きく変わった。酒井さんはその変化を敏感に、かつ身近に感じている。

「私が子育てをしていた時代は、母親が家にいて子育てに専念することが当たり前の時代でした。小さい子どもを保育園に預けて働いている人は少数派でした。三十年ほど前のことですよ。でも今や、お母さんたちが仕事を持つのは当たり前のこと。保育園はつねに順番待ちという状況です。子育ての環境がすっかり変わってしまったことを実感しています」

母親ばかりでなく、祖母の環境も変わってきたと酒井さんは感じている。かつては、母親が仕事をするときには、祖母が子どもの世話をしてくれる家庭が多かった。母親が忙しくても、お祖母さんが代わりに世話をしてくれる。そこに安心感があった。

ところが今では、お祖母さん世代の人たちも仕事から離れないようになってきた。六十歳を過ぎても仕事を続ける女性はどんどん増えている。その理由は経済的なことだけではない。社会の中で仕事をしているという充実感は、いくつになっても幸福感へとつながっていくものだ。まして、今の六十歳はまだまだ若い。半世紀前の六十歳に比べればとても若々しい人が多い。

こうした高齢者の社会進出が進むことで、子育て環境もまた変化してくる。かつてのように、お祖母さんの手を借りることが難しくなってきたのだ。

「さまざまな理由から、孤立してしまう母親がいます。一人で子育てを抱え込む母親たち。誰の手も借りることができず、家の中で幼い子どもと二人で閉じこもってしまう。そうした母親に私たちは手を貸してあげたいと今でも思っています」

酒井さんが感じている子育て環境の変化ばかりでなく、さまざまな社会的変化が起こっている。新たなニーズは次々に生まれてくる。とはいえ、一人ですべてのニーズに目を向けることなどできない。いろいろなスタッフがそれぞれの目でニーズを見つける。そして、きめ細やかな心遣いをしてあげる。「たった一人の思い」が集まってできたもの。それがぐるーぷ藤という組織なのだろう。

社会の中にはつねに変化を遂げているものがある。しかしその一方で、いつの時代にも変わらないものがある。どんな時代でも、どんな社会になっても、変えてはいけないこと。ずっと持ち続けなくてはいけない思いがあると鷲尾さんは言う。

「どんな時代になってもなくしてはいけない思い。それはお互いに助け合って暮らしていくという思いです。人間は一人きりでは生きてはいけません。お互いに手を差し伸べ合いながら、お互いに助けを求めながら生きていく。そんなことは普通のことだと思うでしょう。そうです、お互いに助け合うことなど普通のことなんです。その普通のことをけっして忘れてはいけない。私たちは、ごく普通の社会をつくろうとしているだけなんです」

鷲尾さんが子どもだったとき、家の中にはいつもいろいろな子どもがいたという。困っている子どもを見かけたら、父親が家に連れてきてご飯を食べさせてあげたという。働く場所が見つからない若者には、自分が所有している畑で仕事をさせてあげたという。地主でもあった鷲尾さんの父は、地域の篤志家としても知られていた。

困っている人がいれば手を差し伸べる。自分にできることがあれば惜しむことをしない。鷲尾さんのそんな奉仕の精神は、きっと父親から受け継いだものなのだろう。

「みんなが助け合って暮らす社会」。鷲尾さんたちがめざすのはそういう社会だ。そして、孤立している人たちを救うべく「やさしいおせっかい」を焼く。これがぐるーぷ藤に受け継がれてきたDNAなのだと思う。

「不易」と「流行」という言葉がある。「不易」とは、時代や社会が変わっても、けっして変わることがないものだ。「流行」というのは、その時代や社会によって移ろいゆくものだ。どんな世界にもこの「不易」と「流行」は存在している。社会の変化にしっかりと目を向けつつ、けっして変えてはいけないものを大事にしていく。そういう思いを抱きながら、ぐるーぷ藤のスタッフたちは日々を生きている。

あとがき

今から五十年ほど前の時代。たった半世紀ほど前の時代では「長生きすることは幸せなこと」だと人々は思っていた。一年でも長く生きていたいと大人たちは願い、子どもたちは両親や祖父母の長寿を願っていた。

六十歳の還暦には親族が集まってお祝いをした。よく、古い写真には赤いちゃんちゃんこを着せられた高齢者が写っていたものだ。平均寿命が延びた今、六十歳の還暦を祝う人はどれくらいいるのだろうか。六十歳などまだまだ現役。日々社会の中で働いている人たちには、のんびりと還暦祝いをしている暇などないだろう。

百歳を超えると、それがニュースになった時代もあった。しかし、今では百歳の高齢者も珍しくはない。この長寿社会はいったいどこまで続いていくのだろう。

平均寿命が延びることは、はたして単純に良いことなのだろうか。平均寿命が二十年延びる。もしも二十代と三十代がそれぞれ十年ずつ長くなるのなら、そんな素晴らしいことはない。しかし、寿命が二十年延びるというのは、すなわち老人の時代が二十年長くなるということだ。

九十歳になっても元気で畑仕事などができるほど健康であれば、それはとても幸せなことだろう。しかしそうではなく、ただ日々をベッドの中で過ごすとしたら、そこに幸福感はあるのだろうか。高齢者の幸せはどこにあるのだろうか。

＊

高齢化社会はますます進むだろう。高齢者の数もどんどん増えてくるだろう。もう家族や近所の人たちの助け合いなどが通じる社会ではなくなる。介護のプロフェッショナルはますます求められるようになる。そして、介護者への負担は増していくだろう。

鷲尾さんたちぐるーぷ藤の一人ひとりが、そうした未来を見据えながら仕事をしている。

「高齢者が望んでいることは何か」「高齢者はどうすれば幸せになるのか」。スタッフは雲を摑むような思いでその問いと向き合っている。

「幸せとは何か」、この問いへの答えはただ一つだ。それは「幸せは一人ひとり違うもの」ということだ。誰もが自分だけの幸福感を持っている。それは他の誰かと比べても仕方のないことだ。自分自身の心が幸せだと思うことができれば、それこそが自分の幸福になるのだろう。十人いれば十通りの幸せがある。その思いを大切にすることが、介護の原点なのかもしれない。

「鷲尾さんにとって幸せって何ですか？」。そう質問を投げかけてみた。この抽象的でいかにも答えのないような質問に、鷲尾さんは逡巡することなく言葉を発した。

「私にとっての幸せとは、大好きな仲間たちと一緒に日々を過ごせることとです」

人間は一人では生きていけない。家族や友人、仕事仲間や同志に囲まれながら生きている。当たり前のことだと思うだろうが、その当たり前の「絆」を大切にしているだろうか。周りにある「絆」を蔑ろにしてはいないだろうか。

鷲尾さんが言うところの「仲間」とは、ぐるーぷ藤のスタッフだけを指すのではないだろう。一番館、二番館に暮らす高齢者や精神に疾患を抱える入居者たち。そして、地域に暮らすたくさんの人々。すべてが鷲尾さんにとっては「大切な仲間」なのだと思う。

ぐるーぷ藤は、二〇二二年三月、三十周年を迎えた。この原稿執筆中の、二〇二二年三月五日、その記念式典に参列する栄に浴したが、それは、地域とともに歩んできたぐるーぷ藤ならではの、コンパクトながら、心のこもったものだった。

私の印象に強く残ったのは、第一部の後半、歴代理事長が揃って登壇し、簡単な自己紹介を述べた場面である。皆さん一様に慈愛に満ちたまなざしで、和気藹々と笑顔を絶やさない。その様子は、互いに健闘を称え合っているスポーツ選手のようにも思えた。

理事長職は大変な激務である。しかし、ぐるーぷ藤の歴代理事長は、その辛ささえ、大きな夢の実現の原動力へと昇華させていたのだと想像する。

ここに、当時の理事長、佐藤律子さんが、式典案内状に寄せた挨拶文がある。ぐるーぷ藤の理念と想いが、簡潔にまとまった良い文章なので、全文を掲載させていただく。

本日は、お忙しい中、また新型コロナウイルス感染症蔓延防止重点措置が延長される中、ぐるーぷ藤創立三十周年記念式典にご臨席賜りまして誠にありがとうございます。この日を迎えられましたことは、ひとえに私たちの活動を支えてくださった大勢のみなさまのおかげと深く感謝しております。

「年をとっても病気になっても障がいがあっても自分らしく暮らせる街を創りたい」を理念とし、「困ったときはお互いさま」を合い言葉に、市民事業として一九九二年三月に発足しました。自主運営・自主管理・メンバーが自ら運営に参加し、自分たちに合った組織づくりを行ってきました。

「ぐるーぷ藤の歩み」（編集部注・一六七頁参照）にあるように、社会状況の変化や公的制度に対応し、地域のニーズに応えるため、藤らしい、NPOらしい発想で知恵を出し合い、工夫を凝らした活動をしてまいりました。一つひとつの活動がメンバーのやりがいと絆になり、仲間が仲間を呼び大きな組織になりました。私達の活動を川の流れに例えて表現しています。「湧き水がいつしか大河へ」そして船に例えると、五人の主婦を乗せた手漕ぎボートが多くのメンバーやご利用者を乗せて一番館建設で飛鳥号、二番館建設でクイーンメリー号になりました。そして私たちがめざすのは、今年着工する三番館によって実現するクオリティが高いクイーンエリザベス号です。

これからも、藤沢の地にこだわり、地域福祉の核として地域の安全を支える存在でありたいと願い、メンバー一同努力してまいります。今後ともどうぞよろしくお願い申し上げます。本日はありがとうございました。

ぐるーぷ藤の三十年の歩みと、その着実な推進力の源泉が、これほど明瞭にわかる文章もないであろう。他の福祉団体とは、そのスタートからして違うのである。

ちなみに、本書を脱稿した後の二〇二二年六月、理事長のバトンが、佐藤律子さんから藤井美和さんに手渡された。八代目の理事長の誕生である。藤井さんはまだ五十代の若さであるが、物事を熟考し、堅実に前に進めるタイプだ。熱いパッションを内に秘めつつ、歴代理事長の想いをしっかり継承し、ぐるーぷ藤を次のステップへとまとめあげていく。

ぐるーぷ藤は、きっとこれからも、変わらぬ想いを乗せ、素晴らしき航海を続けて行くに違いない。

*

一冊目の『私たち、主婦だけで、理想の「終（つい）の住処（すみか）」をつくりました！』を上梓してから十三年が経った。もしも十年後に再び、ぐるーぷ藤の姿を記す機会があれば、それもまた「絆」だと捉えてしたためてみたいと思う。

二〇二二年十二月　鵠沼海岸にて

網中裕之

ぐるーぷ藤の歩み

1992年３月	任意団体「ワーカーズ・コレクティブ藤」として発足
1999年９月	法人格取得「特定非営利活動法人ワーカーズ・コレクティブ藤」となる
2000年４月	介護保険事業所として居宅介護支援事業、訪問介護事業を開始
2001年11月	10周年記念事業として「ボランティアすみれ」発足
2003年２月	介護保険通所介護事業所として「デイハウス藤の花」開所
2005年４月	「NPO法人ぐるーぷ藤」と改組
2006年７月	介護保険予防通所介護事業所として「デイハウス菜の花」開所
2007年10月	「ぐるーぷ藤一番館・藤が岡」開所
2008年10月	毎日介護賞奨励賞受賞
2013年12月	「認定NPO法人ぐるーぷ藤」となる
2014年10月	地域ささえあいセンター「ヨロシク♪まるだい」開所
2016年９月	生活支援事業「こども♬まるだい」開所
2016年11月	「ぐるーぷ藤二番館・アクア棟」に通所介護「アクアデイ菜の花」開所
2017年５月	サービス付き高齢者向け住宅「ぐるーぷ藤二番館・柄沢」開所
2021年８月	二番館隣接地に三番館の建設が決定
2022年３月	創立30周年を迎える

（2022年12月末現在）

〈著者略歴〉

網中裕之（あみなか　ひろゆき）

1958年生まれ。兵庫県西宮市出身。早稲田大学教育学部国語国文科卒。

出版社勤務の後、フリーに。

著書に、『幸せのへそ』『幸福論』『私たち、主婦だけで、理想の「終の住処」をつくりました！』（以上、PHP研究所）がある。

装幀　本澤博子
装画　hisa nishiya /iStock.com

私たちの「終の住処」
理想の介護施設は、どう生まれたか

2023年1月1日　第1版第1刷発行

著　者　　網中裕之
発　行　　株式会社ＰＨＰエディターズ・グループ
〒135-0061　東京都江東区豊洲5-6-52
☎03-6204-2931
http://www.peg.co.jp/

印　刷
製　本　　シナノ印刷株式会社

ISBN978-4-910739-17-5